行政事件訴訟における調査検討・審理運営の在り方について

岩 井 伸 晃

まえがき

　この資料は、平成29年1月に行われた司法研修所の行政基礎研究会における東京地裁部総括判事（当時）岩井伸晃氏による講演（行政事件訴訟における調査検討・審理運営の在り方についての講演）の内容を基に、同氏がこれを取りまとめた講演録に行政事件訴訟の執務の参考に資する観点から補筆を加えたものです。
　行政事件訴訟の実務に携わる各位の好個の参考資料と思われるので、書籍として頒布することといたしました。

　　令和6年10月

　　　　　　　　　　　　　　　　　　　　一般財団法人　法　曹　会

はしがき

　本稿は、平成29年１月に司法研修所の行政基礎研究会において東京地裁部総括判事（当時）として行政事件訴訟における調査検討・審理運営の在り方について行った講演の内容を取りまとめた講演録（行政事件を担当する裁判官に参考資料として参照されてきたもの）に、行政事件訴訟の執務の参考に資する観点から補筆を加えたものです。
　以上の経緯から、本稿は、主に行政事件を初めて担当する裁判官を対象として、平成16年改正後の行政事件訴訟法の枠組みや主要な判例の概説及び一般的な実務の運用の紹介を中心に、行政事件訴訟における調査検討・審理運営に関する基本的な事項を実務家の視点から分かりやすく説明したものであり、学術的な学理の追求や学説の俯瞰を目的とするものではなく、これまで行政事件を担当する裁判官に実務の基本書として広く参照されてきた司法研修所編「改訂・行政事件訴訟の一般的問題に関する実務的研究」（法曹会。通称「実務的研究」）を行政事件訴訟法の平成16年改正の内容の反映等の観点から補完する資料として執務の参考になれば幸いです（上記のような本稿の性質に鑑み、上記「実務的研究」と同様、学術書のような詳細な脚注は付していません。）。
　行政事件訴訟法の平成16年改正の当時、内閣法制局参事官として改正法案の審査を担当し、改正法の施行後は東京地裁行政部の部総括及び最高裁行政調査官室の上席調査官として改正法の精神・趣旨の実務への反映に配意しながら行政事件を担当する機会を与えられた者として、同改正後の実務の参考となる執務資料の作成は自身に課せられた使命と受け止め、改正法の精神・趣旨が今後の実務に引き続き着実に反映され根付いていくことを切に願いつつ、平成29年当時の講演の内容を基にこれを敷えんして補筆を加え、今般の刊行に至った次第です。

本稿は、上記の性質上、行政事件訴訟に関する全ての項目・論点を体系的・網羅的に取り上げることを目的とするものではなく、実務的に重要な項目・論点を中心に実務の手続の流れ等に沿って概観するものであり（そのため、説明等の順序は必ずしも法制度の体系に沿った順序と一致しないことも少なくなく）、また、説明等の中で意見にわたる部分は全て個人の私見でありますので、これらの点は、講演録として執筆したものに補筆を加えたものであるため当初の文体や体裁を維持している点を含め、あらかじめ御理解をお願いする次第です。

　本稿の執筆・刊行に当たっては、東京地裁行政部・最高裁行政調査官室で在籍中に親交のあった各位（森英明氏、林俊之氏、市原義孝氏、三輪方大氏、清水知恵子氏、品田幸男氏、桃崎剛氏、横田典子氏、中丸隆氏、衣斐瑞穂氏、中島崇氏、槙松晴子氏、和田山弘剛氏、吉賀朝哉氏、松原平学氏）から貴重な御教示と多大な御協力をいただくとともに、上記「実務的研究」の共著者で東京地裁行政部の部総括の先達として敬愛する市村陽典氏から貴重な御教示・御助言をいただいたほか、現在の東京地裁・大阪地裁の実務について両地裁行政部の部総括の各位（上記の品田氏・横田氏のほか、岡田幸人氏、鎌野真敬氏、篠田賢治氏、德地淳氏）から的確な御教示をいただき、また、本稿の編集・刊行について法曹会出版部の編集課長橋迫信宏氏を始めとする編集課の方々に大変お世話になりましたので、この場をお借りして心より厚く御礼を申し上げ、深く感謝の意を表します。

　　令和6年10月

　　　　　　　　　　　　　　　　　　　　　　　　　　岩　井　伸　晃

　　　　　　　凡　例

【法令名の略語】
　引用した法令については、次の略語を用いた。
　　　行訴法＝行政事件訴訟法
　　　行服法＝行政不服審査法
　　　入管法＝出入国管理及び難民認定法
　　　民訴法＝民事訴訟法

【判例・裁判例の略記法】
　判例・裁判例の引用については、次のような略記法を用いた。
　　・「最三小判平成4.9.22民集46巻6号571頁」
　　　＝最高裁平成4年9月22日第三小法廷判決・最高裁判所民事判例集46
　　　巻6号571頁
　　・「東京地判平成22.4.16判時2079号25頁」
　　　＝東京地裁平成22年4月16日判決・判例時報2079号25頁
　判例集・判例雑誌については、次の略記を用いた。
　　　民　集＝最高裁判所民事判例集
　　　集　民＝最高裁判所裁判集民事
　　　刑　集＝最高裁判所刑事判例集
　　　行裁集＝行政事件裁判例集
　　　判　時＝判例時報
　　　判　タ＝判例タイムズ

目　　次

第1　はじめに………………………………………………………………………… 1
第2　行政事件訴訟の特質と概況…………………………………………………… 3
　1　行政事件訴訟の特質…………………………………………………………… 3
　2　行政事件訴訟の概況…………………………………………………………… 3
　　(1)　租税訴訟の複雑化・大型化……………………………………………… 3
　　(2)　住民訴訟の多様化・複雑化……………………………………………… 4
　　(3)　情報公開請求訴訟の増加・複雑化……………………………………… 4
　　(4)　環境訴訟の増加・複雑化………………………………………………… 4
　　(5)　社会保障関係訴訟の増加・複雑化……………………………………… 4
　　(6)　外国人事件の増加………………………………………………………… 5
　　(7)　事件の多様化……………………………………………………………… 5
　　　ア　各種事業規制関係訴訟………………………………………………… 5
　　　イ　義務付け訴訟…………………………………………………………… 5
　　　ウ　差止訴訟………………………………………………………………… 6
　3　平成16年の行訴法改正の実務への影響……………………………………… 6
　　(1)　原告適格（行訴法9条2項）…………………………………………… 6
　　(2)　義務付け訴訟・差止訴訟の創設（行訴法3条6項・7項、37条の2～37条の4）……………………………………………………………………………… 7
　　(3)　当事者訴訟の類型としての確認訴訟の明示（行訴法4条）………… 7
　　(4)　処分性の概念の拡張……………………………………………………… 8
　　(5)　仮の救済手続の拡充（行訴法25条、37条の5）……………………… 8
　　(6)　改正行訴法検証研究会…………………………………………………… 8
第3　調査の要点……………………………………………………………………… 9
　1　法令等の調査・検討…………………………………………………………… 9
　2　判例・裁判例の調査・検討……………………………………………………10
　　(1)　最高裁判例（民集、集民、裁判所時報、裁判所ウェブサイト等）………11
　　(2)　下級審裁判例（行裁集、裁判所ウェブサイト、訟務月報、判時、判タ、判

　　　　例地方自治等）……………………………………………………………12
　　3　実務上の有用な文献等…………………………………………………12
第4　訴状審査等……………………………………………………………………13
　　1　訴状審査の意義・方法…………………………………………………13
　　　(1)　訴状審査の意義………………………………………………………13
　　　(2)　訴状審査の方法………………………………………………………14
　　2　審査結果を踏まえた対応………………………………………………16
　　　(1)　口頭の事務連絡………………………………………………………16
　　　(2)　書面による事務連絡…………………………………………………16
　　　(3)　補正命令………………………………………………………………17
　　　(4)　第1回口頭弁論期日の指定…………………………………………18
　　　(5)　140条却下判決………………………………………………………19
　　3　審査事項等………………………………………………………………20
　　　(1)　基礎的な審査事項……………………………………………………20
　　　　ア　併合の可否（立件の要否）………………………………………20
　　　　イ　訴額の算定等………………………………………………………21
　　　　　(ア)　複数の請求に係る非合算（吸収）等の可否…………………21
　　　　　(イ)　複数の請求に係る合算逓減の可否……………………………22
　　　　　(ウ)　算定可能若しくは算定不能な財産権上の請求又は非財産権上の請求
　　　　　　　………………………………………………………………………22
　　　　　(エ)　訴訟救助……………………………………………………………23
　　　(2)　訴訟要件………………………………………………………………24
　　　　ア　抗告訴訟の基本的な訴訟要件（処分性、原告適格、訴えの利益）……24
　　　　　(ア)　処分性………………………………………………………………25
　　　　　(イ)　原告適格……………………………………………………………27
　　　　　　a　行訴法9条1項について………………………………………28
　　　　　　　(a)　「法律上の利益を有する者」の意義………………………28
　　　　　　　(b)　判例の動向……………………………………………………28
　　　　　　b　行訴法9条2項について………………………………………29
　　　　　　　(a)　法律上保護された利益の範囲………………………………29

　　　　　(b) 行訴法9条2項の趣旨と考慮事項……………………29
　　　　　(c) 判例の動向………………………………………………31
　　　(ウ) 訴えの利益………………………………………………………36
　　　　a　狭義の訴えの利益……………………………………………36
　　　　b　不利益性………………………………………………………36
　　　　c　期間の経過……………………………………………………37
　　　　d　処分を基礎とする工事等の完了……………………………38
　イ　抗告訴訟の被告適格……………………………………………………39
　ウ　取消訴訟の審査請求前置………………………………………………39
　エ　取消訴訟の出訴期間……………………………………………………40
　オ　取消訴訟以外の抗告訴訟に固有の訴訟要件…………………………41
　　(ア) 無効等確認の訴えの訴訟要件（行訴法3条4項、36条）………42
　　(イ) 不作為の違法確認の訴えの訴訟要件（行訴法3条5項、37条）……43
　　(ウ) 義務付けの訴えの訴訟要件（行訴法3条6項、37条の2、37条の3）
　　　　…………………………………………………………………………43
　　(エ) 差止めの訴えの訴訟要件（行訴法3条7項、37条の4）………44
　　（後注）無名抗告訴訟の適法要件 ……………………………………46
　カ　当事者訴訟の訴訟要件…………………………………………………47
　　(ア) 形式的当事者訴訟の訴訟要件（行訴法4条）……………………47
　　(イ) 実質的当事者訴訟の訴訟要件（行訴法4条）……………………48
　キ　抗告訴訟及び当事者訴訟に係る法律上の争訟性（裁判所法3条1項）
　　　……………………………………………………………………………50
　ク　民衆訴訟及び機関訴訟の訴訟要件（行訴法5条、6条、42条等）……51
　ケ　住民訴訟の訴訟要件（地方自治法242条の2、242条1項・2項）……53
　　(ア) 地方自治法242条の2第1項各号の訴訟類型 ……………………53
　　(イ) 原告適格と被告適格…………………………………………………53
　　(ウ) 財務会計上の行為（財務会計行為）該当性………………………54
　　(エ) 監査請求前置…………………………………………………………55
　　　　a　監査請求の有無及び対象の範囲の確認（地方自治法242条の2第1
　　　　　項）………………………………………………………………55

　　　　　b　監査請求期間（地方自治法242条2項）……………………56
　　　　　　(a)　期間制限規定の適用の有無……………………………56
　　　　　　(b)　監査請求期間の起算点…………………………………57
　　　　　　(c)　期間経過後の監査請求と正当な理由の有無…………57
　　（後注）争点訴訟（行訴法45条）〔訴訟類型の整理に関連する事項〕………59
　(3)　請求の趣旨……………………………………………………………60
　　ア　補正の要否・程度……………………………………………………60
　　イ　原処分と裁決（行訴法10条2項）…………………………………60
　　ウ　事件類型ごとの留意事項……………………………………………61
　　　(ア)　各種訴訟の参考例………………………………………………61
　　　(イ)　租税訴訟の留意事項の例………………………………………61
　　　(ウ)　住民訴訟の留意事項の例………………………………………62
　　　(エ)　義務付け訴訟の留意事項の例…………………………………62
　　エ　事務連絡の活用………………………………………………………63
第5　合議等の準備と審理・判決……………………………………………63
　1　合議等の準備……………………………………………………………63
　(1)　合議メモの活用………………………………………………………63
　　ア　合議メモの意義………………………………………………………63
　　イ　合議メモの記載事項…………………………………………………64
　(2)　合議の充実……………………………………………………………64
　　ア　合議体による期日前の合議・随時合議……………………………64
　　イ　判決作成段階の書面合議（後記3(2)参照）………………………65
　(3)　判決を当初から視野に入れた審理・作業の工夫（後記3(1)参照）………65
　　ア　第1回以降の各期日ごとの主張整理案の作成（合議メモとのリンク）
　　　　………………………………………………………………………66
　　イ　一定の時期以降の理由骨子案の作成（合議メモとのリンク）……66
　　ウ　先行起案による弁論終結時における作業の到達度………………67
　2　審理上の留意点…………………………………………………………67
　(1)　審理の構造と理論上の問題…………………………………………67
　　ア　取消訴訟等の訴訟物…………………………………………………67

  イ　処分の違法性の判断基準時……………………………………………68
   (ｱ)　処分時………………………………………………………………68
   (ｲ)　処分後の事情の位置付けの整理…………………………………68
  ウ　取消訴訟等における主張立証責任……………………………………68
   (ｱ)　主張立証責任の分配………………………………………………68
   (ｲ)　主張立証責任の帰属………………………………………………69
    a　訴訟要件………………………………………………………69
    b　実体要件………………………………………………………70
    c　各論……………………………………………………………71
  エ　裁量権の範囲の逸脱又はその濫用の有無に関する司法審査の在り方…72
   (ｱ)　授益処分の拒否処分に係る審査…………………………………73
   (ｲ)　侵害処分に係る審査………………………………………………74
   (ｳ)　判断過程の瑕疵の有無に係る審査………………………………75
  オ　手続上の違法事由（理由提示の不備等）……………………………76
  カ　違法性の承継（後行処分の取消訴訟における先行処分の違法の主張の可否）……………………………………………………………………78
 (2)　釈明の在り方……………………………………………………………80
  ア　判決と審理を見据えた釈明事項の検討………………………………80
   (ｱ)　被告側（行政庁側）への釈明に係る留意点……………………80
   (ｲ)　原告側への釈明に係る留意点……………………………………81
  イ　合議メモと調書の記載…………………………………………………81
 (3)　求釈明、釈明処分の申立て及び文書提出命令の申立てへの対応……81
  ア　求釈明への対応…………………………………………………………81
  イ　釈明処分（行訴法23条の2）の申立てへの対応……………………82
  ウ　文書提出命令の申立てへの対応………………………………………82
 (4)　請求の追加・変更の申立てへの対応…………………………………82
  ア　行訴法19条の追加的併合か民訴法143条の訴えの変更かの確認…82
  イ　行訴法19条の追加的併合の要件………………………………………83
  ウ　民訴法143条の訴えの変更の要件……………………………………83
  エ　行訴法21条の訴えの変更の要件………………………………………83

		オ	併合の要件を欠く場合（立件の指示・不許の決定）……84
	(5)	処分理由の差し替えの可否……	84
	(6)	意見陳述の申出への対応……	85
		ア	意見陳述の法的な位置付け……85
		イ	調整・実施の在り方……85
		ウ	調書上の取扱い……86
	(7)	証拠調べ……	86
	(8)	訴訟要件の審理と本案要件の審理……	87
	(9)	訴訟参加……	87
		ア	行訴法22条の参加（第三者の訴訟参加）……87
		イ	行訴法23条の参加（行政庁の訴訟参加）……87
		ウ	民訴法上の補助参加（民訴法42条）……88
		エ	訴訟告知（民訴法53条）……88
	(10)	和解の可能性……	88
		ア	訴訟上の和解の可否……88
		イ	処分の自庁取消しと訴えの取下げ等……89
		ウ	進行協議・弁論準備手続の活用……89
	(11)	その他……	90
		ア	多庁係属型訴訟等について……90
		イ	租税調査官について……90
3	判決作成上の工夫・留意点……		91
	(1)	判決を当初から視野に入れた審理・作業の工夫（前記1(3)参照）……91	
	(2)	判決原案の提出時及びそれ以降の作業の工夫（前記1(2)イ参照）……91	
		ア	脚注等による対話と随時の相談・合議……91
		イ	相陪席・書記官のチェックを視野に入れた脚注等の付記……92
	(3)	判決の作成に当たっての留意点……	93
		ア	他の事件に対する影響や波及への考察……93
		イ	論理の構成・流れ……93
			(ア) 段落の構成・見出し等……93
			(イ) 法制執務や最高裁判例に沿った用語の正確性……94

ウ　法律論の展開と事案への当てはめ……………………………94
　　　エ　客観的な視点からの文章の精錬………………………………94
　　　　(ｱ)　上記アないしウの観点からの俯瞰…………………………95
　　　　(ｲ)　様々な視点からの検証………………………………………95
　　　　(ｳ)　表記の統一性（公用文の表記）……………………………96
　　　オ　見直し・チェックの重要性……………………………………96
　　(4)　基本的な構成………………………………………………………96
第6　仮の救済……………………………………………………………………97
　1　執行停止（行訴法25条）…………………………………………………97
　　(1)　手続・日程の調整…………………………………………………97
　　(2)　要件の審査…………………………………………………………98
　　　ア　適法な本案訴訟の係属の有無…………………………………98
　　　イ　重大な損害を避けるため緊急の必要があるか否か…………98
　　　ウ　公共の福祉に重大な影響を及ぼすおそれの有無……………99
　　　エ　本案について理由がないとみえるか否か……………………99
　　(3)　平成16年改正後の認容例…………………………………………99
　2　仮の義務付け及び仮の差止め（行訴法37条の5）……………………100
　　(1)　手続・日程の調整…………………………………………………100
　　(2)　要件の審査…………………………………………………………100
　　　ア　適法な本案訴訟の係属の有無…………………………………100
　　　イ　償うことのできない損害を避けるため緊急の必要があるか否か……101
　　　ウ　本案について理由があるとみえるか否か……………………101
　　　エ　公共の福祉に重大な影響を及ぼすおそれの有無……………102
　　(3)　平成16年改正による制度創設後の認容例………………………102
　　　ア　仮の義務付けの認容例…………………………………………102
　　　イ　仮の差止めの認容例……………………………………………103
　3　仮処分の排除（行訴法44条）……………………………………………103
　　(1)　行訴法44条の趣旨…………………………………………………103
　　(2)　行訴法44条の適用関係……………………………………………104
第7　終わりに……………………………………………………………………104

| 1 行政事件の判決の重要性と社会的な影響等 …………………………104
|　⑴ 行政・立法への影響・波及と社会的な影響等 ……………………104
|　⑵ 行政・社会の規範の形成・基準の提示等（法令解釈の重要性）………104
| 2 通常民事件の処理にも資する取組の姿勢等 …………………………105
|　⑴ 判決を見据えた審理・釈明・和解等 ………………………………105
|　⑵ 合議の充実 ……………………………………………………………105
|　⑶ 判決の精度の向上（法的思考力・多角的視点・バランス感覚等の涵養）
|　　　……………………………………………………………………………106
| 3 最後に …………………………………………………………………106
巻末資料 ………………………………………………………………………109
参考資料1（レジュメ）………………………………………………………111
参考資料2（事務連絡の書式例）……………………………………………143
参考資料3（行政事件訴訟における請求の趣旨の文例）…………………147

第1 はじめに

　司法制度改革の一環として行われた行訴法の平成16年の改正[1]当時、内閣法制局の参事官として改正法案の審査を担当していましたが、その当時は、行訴法の制度的な枠組みや行政事件訴訟の実務が硬直的で救済範囲が狭すぎる等として厳しい批判の対象とされ、疾風怒濤のような大議論が沸き上がっていた状況でした。様々な議論や調整を経た上で、取消訴訟の原告適格の拡大のための9条2項の新設、義務付け訴訟及び差止訴訟並びに仮の義務付け及び仮の差止めの制度の創設、当事者訴訟の一類型としての確認訴訟の明示等を主な内容とする平成16年改正法が成立し（注）、救済範囲の拡大等の要請と行訴法の理論の根幹との調和が図られたところですが、更なる改正を求める議論もなお根強く残っており、その中には、9条1項の「法律上の利益」概念自体の見直し、義務付け訴訟・差止訴訟の「重大な損害」に係る要件（いわゆる重損要件）の廃止、委任命令及び通達の無効確認訴訟や団体訴訟及び納税者訴訟（国レベルの住民訴訟）の創設、行政計画の争訟対象化、裁量統制基準の明文化等の提案も含まれていました。こうした再改正の要否等の検討の観点から、平成16年改正後の判例・裁判例の動向について、改正行政事件訴訟法施行状況検証研究会（以下「改正行訴法検証研究会」といいます。）において検証が行われ、平成24年11月、同研究会の報告書が取りまとめられ、「判例の動向を中心に施行状況をなお継続的に見守ることが適切である」、「より一層の平成16年改正行訴法の趣旨の周知及びその実現を図る」、「政府として講ずべき措置がなお存しないかどうかについては、引き続き関係機関・団体と連携しつつ注視する」との法務省の検討結果と併せて公表されています（法務省ウェブサイト、高橋滋編「改正行訴法の施行状況の

1　以下、平成16年法律第84号「行政事件訴訟法の一部を改正する法律」を「平成16年改正法」といい、同改正法による行訴法の改正を「平成16年改正」ということがあります。

(2)

検証」(商事法務)357頁以下参照)。以上の経緯から、その後も、平成16年改正の趣旨に沿って訴訟要件の規定を柔軟に解釈し、本案審理に入るべき事件の審理を十分に尽くしているか等の観点から、全ての審級の裁判所における行政事件訴訟の判決が引き続き批判的な検証の対象として各方面から注視され続けていることに留意する必要があると思われるところです。今後も、以上のような平成16年改正の経緯及びその後の検証や議論の状況を踏まえた上で、平成16年改正の趣旨・精神と行訴法の理論の根幹との調和をバランスよく図りつつ、訴訟要件の規定を柔軟に解釈して本案審理に入るべき事件の審理を十分に尽くすなど、客観的な視点からの的確な状況認識と問題意識をもって日々の事件処理に取り組んでいく必要があると思われます。

(注)[2] 平成16年の行訴法改正における改正項目としては、(1)救済範囲の拡大のための上記の各項目(取消訴訟の原告適格の拡大のための9条2項の新設(9条の改正)、義務付け訴訟及び差止訴訟並びに仮の義務付け及び仮の差止めの制度の創設(3条6項・7項及び37条の2から37条の5までの新設)、当事者訴訟の一類型としての確認訴訟の明示(4条の改正))及び執行停止の要件の緩和(25条の改正)のほか、(2)審理の充実・促進のための釈明処分の特則の創設(23条の2の新設)、(3)行政事件訴訟をより利用しやすく分かりやすくするための仕組みとして、①抗告訴訟の被告適格の簡明化(11条の改正)、②抗告訴訟の管轄裁判所の拡大(12条の改正)、③出訴期間の伸長等(14条の改正)、④出訴期間等の情報提供(教示)制度の創設(46条の新設)等が挙げられます。

---

2 以下、本文に準ずる内容の注記は、「(注)」若しくは「(注○)」又は「(後注)」として本文中の当該段落の末尾に掲記し、それ以外の注記は、前出の脚注1と同様、脚注として各頁下の欄外に掲記します。

以下、巻末の参考資料1のレジュメ（後掲111頁以下）に沿って、個々の項目（前出の目次参照）について概観していくことといたします。なお、本稿は、その性質上、行政事件訴訟（以下、文脈によっては、単に「行政事件」ともいいます。）に関する全ての項目・論点を体系的・網羅的に取り上げることを目的とするものではなく、実務的に重要な項目・論点を中心に実務の手続の流れ等に沿って概観するものであり（そのため、以下の説明等の順序は、必ずしも法制度の体系に沿った順序と一致しないことも少なくありません。）、また、以下の説明等の中で意見にわたる部分は全て個人の私見でありますので、これらの点はあらかじめ御理解の程をお願いいたします。

第2 行政事件訴訟の特質と概況
1 行政事件訴訟の特質

行政事件訴訟の特質としては、立法・行政・司法の三権相互の均衡・抑制と関係することから、法令解釈の比重が高く、判決の中で規範の形成・基準の提示を求められることが多いため、判示内容の汎用性が高く、他の事件の帰すうを左右する範囲も広い上、事柄の性質上、行政・立法への影響・波及を伴い、社会的な影響等を持つことも少なくなく、また、憲法判断を求められる頻度も高いということが挙げられます。

2 行政事件訴訟の概況

近年の行政事件訴訟の事件動向については、平成22年から平成27年までの最高裁行政調査官室での勤務並びに平成20年から平成22年まで及び平成28年から平成29年までの東京地裁行政部での勤務の経験を踏まえた一般的な印象としては、全国的にみておおむね次のような傾向が見られるように思われます。

(1) 租税訴訟の複雑化・大型化

租税訴訟については、最新の改正を経た新しい租税法規の解釈が問題となり、準拠法となる外国法や借用概念に係る私法の解釈も問題となるなど、理

論的に難しい論点や複雑な経済活動の微妙な評価等を含む事件につき、事業者等と国税当局の間で極めて詳細で多岐にわたる議論の攻防が展開され、係争額も事案によっては相当高額（例えば数十億円ないし数百億円）に上るなど、複雑化・大型化の傾向が増しているように見受けられます。

(2) 住民訴訟の多様化・複雑化

住民訴訟については、地方公共団体の諸施策への住民の批判や意見対立等を背景として、様々な公金の支出に係る財務会計行為について違法性や首長・職員の過失の有無等が争われ、当該行為に係る裁量権の範囲の逸脱又はその濫用の有無の観点から地方公共団体の諸施策に係る政策的な判断の適否が争われるなど、事件の多様化・複雑化の傾向が見受けられます。

(3) 情報公開請求訴訟の増加・複雑化

情報公開請求訴訟については、国民の知る権利や情報公開の要請の高まり等を背景として増加・複雑化の傾向が見られ、文書の存否や組織共用文書該当性が問題となる事件や、不開示事由の該当性等が問題となる事件など、様々な種類の事件が現れており、文書の存否等に係る事実認定や不開示事由の該当性に係る法的評価に難しい判断を求められる事例のほか、開示請求の対象文書が多数にわたるため審理に時間を要する事例も少なくないように見受けられます。

(4) 環境訴訟の増加・複雑化

環境訴訟については、大規模施設の設置・建築等への周辺住民の反対を背景として、設置・建築等の許認可処分の取消訴訟や差止訴訟又は是正措置の義務付け訴訟等の増加・複雑化の傾向が見られ、これらの訴訟には、原告適格の範囲、差止訴訟・義務付け訴訟の訴訟要件（いわゆる重損要件等）の該当性など行訴法上の論点のほか、実体判断における個別法の法令違反の有無、行政庁の裁量判断の適否等が多岐にわたり争われる複雑な事件が多いように見受けられます。

(5) 社会保障関係訴訟の増加・複雑化

社会保障関係訴訟については、社会の高齢化や雇用の不安定化及び財政状況の制約等を背景として、年金・恩給・生活保護等の各種の事件全般に増加・複雑化の傾向が見られ、これらの事件では、各種の社会保障関係法令の様々な規定の解釈が問題となり、法律・政令・省令・通達の委任関係や数次の改正の経過措置による新旧法令の適用関係の読み解きが必要となったり、抽象的・概括的な根拠法規の定めを踏まえた解釈基準の検討が必要となったりするなど、複雑な判断が求められる事案が少なくないように見受けられます。

(6) 外国人事件の増加

外国人事件は、不法滞在者の退去強制手続における裁決及び退去強制令書発付処分の取消訴訟[3]において在留特別許可に係る裁量権の範囲の逸脱又はその濫用の有無が争われる事件や、難民不認定処分の取消訴訟において難民該当性の有無が争われる事件等を中心に、長年にわたり高い水準の件数を維持し続けています。

(7) 事件の多様化

ア 各種事業規制関係訴訟

以上のほか、各種事業規制関係訴訟も相当数現れており、様々な事業規制法規を根拠法規として、免許取消処分、措置命令、課徴金納付命令等の取消訴訟など、様々な類型の訴訟が見られ、訴えの利益、実体要件の充足性、理由提示の適否など、争われる論点も多岐にわたっています。

イ 義務付け訴訟

また、義務付け訴訟も、様々な種類の処分を対象として相当数現れてお

---

3 令和5年法律第56号による改正（令和6年6月10日施行）後の入管法の適用事案では、在留特別許可をしない処分及び退去強制令書発付処分の取消訴訟等になるものと考えられます（巻末の参考資料3「行政事件における請求の趣旨の文例」の第3の1の脚注4〔後掲150頁〕参照）。

り、①訴訟要件の充足性につき、いわゆる申請型の義務付けの訴え（行訴法3条6項2号）では、法令上の申請権の有無、行政庁の法令上の権限の有無等が、いわゆる非申請型の義務付けの訴え（同項1号）では、重大な損害を生ずるおそれの有無、補充性等がそれぞれ問題となり（後記第4の3(2)オ(ｳ)参照）、②いずれの類型でも、本案の判断において行政庁の裁量権の範囲の逸脱又はその濫用の有無が問題となる事案が多いように見受けられます。

　　ウ　差止訴訟

　そして、差止訴訟も、様々な種類の処分を対象として相当数現れており、訴訟要件の充足性につき、処分がされる蓋然性、重大な損害を生ずるおそれの有無、補充性等が問題となり（後記第4の3(2)オ(ｴ)参照）、本案の判断において行政庁の裁量権の範囲の逸脱又はその濫用の有無が問題となる事案が多いように見受けられます。

　3　平成16年の行訴法改正の実務への影響

　(1)　原告適格（行訴法9条2項）

　原告適格に関しては、根拠法令の文言のみによることなくその趣旨・目的を考慮し、当該処分において考慮されるべき利益の内容・性質や当該処分が違法に行われた場合に害されることとなる利益の性質・内容及びこれが害される態様・程度を勘案するとともに、関係法令の趣旨・目的も参酌して、これらの実質的な考慮に基づいて原告適格について柔軟な解釈を導いた判例（最三小判昭和60.12.17集民146号323頁〔伊達火力発電所訴訟〕、最三小判平成4.9.22民集46巻6号571頁〔もんじゅ訴訟〕、最二小判平成元.2.17民集43巻2号56頁〔新潟空港訴訟〕等）を前提に、これらの判例の考慮事項を網羅的に明文化した行訴法9条2項の規定が新設され、改正法の施行後、同項所定の考慮事項の総合考慮によって騒音・振動を発する鉄道施設の事業認可に係る周辺住民の原告適格を認めた最大判平成17.12.7民集59巻10号2645頁（小田急線高架化事業認可取消訴訟）など、改正法の趣旨に沿った柔軟な解釈を採る累次の判例・裁判例が現れています（後記第4の3(2)ア(ｲ)b参照）。

(2) 義務付け訴訟・差止訴訟の創設（行訴法3条6項・7項、37条の2～37条の4）

平成16年改正で創設された義務付け訴訟及び差止訴訟（行訴法3条6項・7項、37条の2～37条の4）に関しては、裁判例における無名抗告訴訟の要件が整理して明文化された結果、重大な損害を生ずるおそれと補充性が訴訟要件とされ、行政庁の第一次的判断権の留保の観点から法令上の義務の明白性又は裁量権の範囲の逸脱若しくはその濫用が本案要件とされており、改正法の趣旨を踏まえ、最一小判平成24.2.9民集66巻2号183頁（教職員国旗国歌予防訴訟）等において、重大な損害を生ずるおそれの訴訟要件につき、改正法の趣旨に沿った柔軟な解釈によってこれを肯定する判断が示されているところです（後記第4の3(2)オ(ウ)、(エ)参照）。

(3) 当事者訴訟の類型としての確認訴訟の明示（行訴法4条）

公法上の法律関係に関する確認の訴え（確認訴訟）に関しては、当事者訴訟の類型として行訴法4条に明示されたことを受けて、抗告訴訟の対象外の事項（処分性のない場合等）に対応し得る訴訟類型として活用されるようになっており、最大判平成17.9.14民集59巻7号2087頁（在外邦人選挙権制限違憲訴訟）において、在外国民が次回の衆議院議員選挙又は参議院議員選挙において在外選挙人名簿に登録されていることに基づいて投票することができる地位にあることの確認を求める訴えは、具体的な選挙につき選挙権を行使する権利を確保するために有効適切な手段であり、確認の利益が認められ、適法であるとした上で、当該訴えに係る請求が認容されています。また、最大判令和4.5.25民集76巻4号711頁（在外邦人国民審査権制限違憲訴訟）においても、(a)在外国民が次回の最高裁判所裁判官国民審査（以下「国民審査」といいます。）において審査権を行使することができる地位にあることの確認を求める訴え（最高裁判所裁判官国民審査法の規定の解釈を理由とするもの）及び(b)国が在外国民に対して国外に住所を有することをもって次回の国民審査において審査権の行使をさせないことが違法であることの確

認を求める訴え（同法の規定の違憲を理由とするもの）は、在外国民に係る上記(a)の地位の存否に関する法律上の紛争及び上記(b)の違法性の有無に関する争いを解決するために有効適切な手段であり、いずれも適法であるとした上で、上記(b)の訴えに係る請求を認容した原審の判断が是認されています（後記第4の3(2)カ(イ)参照）。

(4) 処分性の概念の拡張

平成16年改正の趣旨を踏まえ、行政計画に係る処分性の有無についても、どの段階で抗告訴訟で争う機会を与えるのが救済方法として最も適当かという観点からの検討がされるようになり、最大判平成20.9.10民集62巻8号2029頁（浜松市土地区画整理事業計画決定取消訴訟）は、市町村の施行に係る土地区画整理事業の事業計画の決定につき、その処分性を否定していた従来の判例を変更し、施行地区内の宅地所有者等の法的地位に変動をもたらし、抗告訴訟の対象とするに足りる法的効果を有するものということができ、実効的な権利救済を図るという観点から見ても、換地処分等がされる段階に至る前に、事業計画の決定がされた段階でこれを対象とした抗告訴訟の提起を認めるのが合理的であるとして、抗告訴訟の対象としての処分性を肯定する判断を示しています（後記第4の3(2)ア(ア)b参照）。

(5) 仮の救済手続の拡充（行訴法25条、37条の5）

仮の救済手続については、平成16年改正により、①行訴法25条2項の執行停止の要件が「回復の困難な損害」から「重大な損害」に改められるとともに、「重大な損害」の有無の判断における考慮事項を明文化した同条3項の規定が新設され、これらの改正後の規定に基づいて執行停止の申立てが認容される事例が相当数現れており、また、②仮の義務付け及び仮の差止めの制度（行訴法37条の5）が創設され、改正法の施行後に相当数の認容例が現れているところです（後記第6の1、2参照）。

(6) 改正行訴法検証研究会

改正行訴法検証研究会において、平成16年改正法の施行後における判例・

裁判例について、行訴法の再改正（前述の「法律上の利益」や「重大な損害」の要件の改廃、委任命令及び通達の無効確認訴訟や団体訴訟及び納税者訴訟の創設、行政計画の争訟対象化、裁量統制基準の明文化等）の要否の検討も視野に入れた検証が行われ、平成24年11月に同研究会の報告書と法務省の検討結果が公表され（法務省ウェブサイト、高橋編・前掲書357頁以下参照）、後者の検討結果において、「判例の動向を中心に施行状況をなお継続的に見守ることが適切である」、「より一層の平成16年改正行訴法の趣旨の周知及びその実現を図る」、「政府として講ずべき措置がなお存しないかどうかについては、引き続き関係機関・団体と連携しつつ注視する」とされ、全ての審級における行政事件訴訟の判決が継続的な検証の対象とされており、平成16年改正の趣旨・精神に沿った方向性（可及的な本案判断の志向等）と行訴法の理論的枠組みの根幹とのバランスを図る必要があることは、前記第1の「はじめに」において述べたとおりです。

第3　調査の要点
　1　法令等の調査・検討
　(1)　法令等の調査・検討は、判決における「関係法令等の定め」の記載を視野に入れた作業で、①法令については、改廃の有無・経緯の確認（D1-Law等で要検索）、下位法令等への委任の有無・範囲の確認を丁寧に行うことが肝要であり、②地方公共団体の条例・規則については、インターネット検索（各地方公共団体の例規集の検索サイト等）や当該事件の被告である地方公共団体又はその執行機関等への釈明等により法文の入手・確認をした上で、改廃の有無・経緯の確認を行うことが必要であり（当該事案に適用される条例・規則の法文が記録中に全て書証として提出されているのが望ましいと考えられます。）、③通達・通知・要綱等については、法令・条例等による委任の有無・範囲の確認や法的な位置付けの整理を意識的に行うことが重要であり、④条約についても、直接適用可能性（自動執行力）の有無の確認や

法的な位置付け（特に直接適用可能性（自動執行力）を欠く条約の規定の考慮の在り方）の整理を意識的に行うことが重要であると思われます。

(2) 行政庁の行為の種別については、①行政処分か否か、②侵害処分か授益処分か、③裁量処分か否か、裁量処分における裁量の広狭、要件裁量か効果裁量か等の観点に留意することが、法令等の調査・検討を進める上で有益であるように思われます。

(3) 法令等の解釈については、文理解釈と趣旨解釈（規範的解釈）の妥当する場面の区別に留意することが、法令等の調査・検討を進める上で有益であるように思われます。

例えば、行訴法に基づく原告適格（9条2項）や重大な損害（37条の2第1項・第2項、37条の4第1項・第2項、25条2項・3項）等の訴訟要件の解釈に当たっては、行訴法の規定自体が（特に9条2項では「法令の規定の文言のみによることなく」と明記して）、様々な考慮事項を摘示した上で、趣旨解釈（規範的解釈）を志向すべきことを明示しており、個別法の趣旨も踏まえた柔軟な解釈が求められる場面ということができます。

また、個別法の実体要件の解釈においては、①侵害処分に関しては、文理解釈が基本となることが多く、特に税法の課税要件等については文理に忠実で謙抑的な解釈が求められることが多いように思われ、他方、②授益処分に関しては、文理解釈を基本としつつも、一定の範囲で趣旨解釈（規範的解釈）を加味して検討すべき場合があるように思われ、社会保障給付の支給要件等については個々の規定の抽象度の度合い等に応じて両者の均衡を図っていく必要があるように思われるところです。

2 判例・裁判例の調査・検討

（一般に、最高裁判例は「判例」、下級審裁判例は「裁判例」と称されており、以下では、この用語の区別を前提としつつ、文脈によって特に区別を強調する場合は「最高裁判例」、「下級審（の）裁判例」と表記することとします。）

(1) 最高裁判例（民集、集民、裁判所時報、裁判所ウェブサイト等）

　最高裁判例のうち、民集と集民に掲載されているものには、事項・要旨が付されており、これらは判例のレイシオ・デシデンダイと射程を示すもので、法理判例（一般的な法理を判示するもの）と事例判例（当該事例の一定の事情の下における判断を判示するもの）の区別も事項・要旨に明示されています。最高裁判例については、判文自体を精読した上で、事項・要旨も参照してその趣旨と射程を読み取ることが重要であり、調査官個人の文責で書かれている判例解説は、飽くまでも判文の趣旨等を理解する上での参考の説明としての位置付けで読む必要があると思われます。担当事件の判決起案の説示に続けて最高裁判例を「（最高裁平成○年（行ツ）第○号同○年○月○日第○小法廷判決・民集○巻○号○頁参照）」等と引用する際は、当該説示の内容が当該判例の判示内容と真に合致・対応しているか（当該判例の判示内容を超えた説示の部分は、最高裁判例を引用して説示した部分と適切に区別されているか等）を注意深く検証する必要があり、また、判決起案の理由中で最高裁判例の法理を一般論として（後出の当てはめの前提等として）摘示するときは、できるだけ当該判例の文言に忠実な形で引用することが望ましいものと思われます。

　これに対し、上告棄却の例文決定は、論旨が適法な上告理由に当たらないとしたものであり、上告不受理の例文決定は、民訴法（行訴法7条においてその例によるものとされる民訴法。以下同じ。）318条1項に規定する法令の解釈に関する重要な事項を含むと認められる事件に当たらないとしたものにとどまり、いずれも最高裁としての法的判断を示したものではなく、争点に関する原審の判断を是認したものともいえませんので、（当事者からこの点を誤解した引用・主張がされることも時折ありますが、）そのことに留意する必要があります。平成8年改正前の民訴法の適用される旧法事件における例文判決（「所論の点に関する原審の認定判断は、原判決挙示の証拠関係に照らし、正当として是認することができ、その過程に所論の違法はない。」

等とするもの)についても、争点に関する原審の結論を是認したものとはいえるものの、原審の理由説示を一般論として是認したものとはいえず、最高裁としての法的判断を示したものではありませんので、(当事者からこの点を誤解した引用・主張がされることも時折あることは上記と同様ですが、)そのことに留意する必要があります。

なお、憲法及び行政法規等の解釈については、刑事の最高裁判例も重要な参照価値を有する場合がありますので、幅広く調査の対象とすることが有用と思われます。

(2) 下級審裁判例(行裁集、裁判所ウェブサイト、訟務月報、判時、判タ、判例地方自治等)

下級審裁判例は、担当事件と類似した同種事案の先例が検索等により見つかると、非常に有用で参考になるものではありますが、個々の事案ごとの事情の違いに十分に注意する必要がありますし、法解釈の理由説示については個々の裁判体ごとに論理の運びや用語・表現の使い方等が異なるのが当然ですので、担当事件の判決起案に当たっては、最高裁判例とは異なり、飽くまでも参考の一事例としての位置付けで参照するにとどめ(安易に依拠するのではなく)、理由説示においては自ら論理の運びを組み立て自ら用語・表現の使い方等を吟味して文章を作り上げていく姿勢が肝要と思われます。

3 実務上の有用な文献等

行政事件訴訟全般に関する実務上の有用な文献等のうち、特に基本的かつ重要なものとしては、(1)行訴法の代表的なコンメンタールとして、南博方原編著=高橋滋・市村陽典・山本隆司編「条解行政事件訴訟法〔第5版〕」(弘文堂)(以下「条解行訴法」と略称します。)、(2)行政事件訴訟の実務の代表的な解説書として、司法研修所編「改訂・行政事件訴訟の一般的問題に関する実務的研究」(法曹会)(以下「実務的研究」と略称します。)、(3)平成16年行訴法改正の解説書として、小林久起編著「司法制度改革概説3 行政事件

訴訟法」（商事法務）等が挙げられます。その他の実務上の有用な文献等については、実務的研究384頁以下の「調査の手引」に参照価値の高いものが数多く掲記されています（個別法の解釈が問題となる事件については、当該法令の逐条解説書（同書389〜390頁等）を参照することが特に有用です。）。

　また、行政事件訴訟の判決起案や調査検討において、法制執務の基本的な事項については、法制執務研究会編「新訂ワークブック法制執務〔第２版〕」（ぎょうせい）を参照するのが有用と思われます。なお、行政事件訴訟の判決起案において、用字用語については、法令と同様に、最新の公用文の表記によるのが相当であり（後記第５の３(3)エ(ウ)参照）、「最新公用文用字用語例集〔増補版〕」（ぎょうせい）（令和４年１月７日文化審議会建議「公用文作成の考え方（建議）」及び同月11日内閣官房長官通知「「公用文作成の考え方」の周知について」を反映した改訂がされたもの）を随時参照することが望まれます。

第４　訴状審査等
　１　訴状審査の意義・方法
　(1)　訴状審査の意義
　訴状審査の意義に関しては、行政事件訴訟においては、通常の民事訴訟と比べて、充足の有無を確認すべき訴訟要件が多く複雑で、訴訟要件の審査が非常に重要であることから、審理全体の中に訴状審査の占めるウェイトが大きいという特徴があります。

　訴状審査の結果、法定の方式（手数料等の納付を含む。以下同じ。）若しくは訴訟要件を充足していない訴状又はこれらの充足の有無が明らかでない訴状に関しては、補正不能の不備の有無を確認し、(ア)補正の余地のある訴状については、事務連絡等又は補正命令によって補正を促し、補正命令の送達を受けても所定の期間内に補正がされない場合、不備の内容によっては、①

訴状却下命令（民訴法137条2項、138条2項[4]）がされたり（後記2(3)ア）、②訴訟要件に係る不備を補正することができないとして、民訴法140条に基づいて口頭弁論を経ないで訴えを却下する判決（以下「140条却下判決」といいます。）がされたりすることがあり（後記2(3)ウ）、(イ)訴状に訴訟要件に係る補正不能の不備がある場合には、140条却下判決がされるのが通例です（後記2(5)ア）。

補正の余地のある訴状については、どのように補正すれば法定の方式又は訴訟要件を充足して適法な（行訴法に適合した）方式・内容の訴状になるかを記載した事務連絡（後記2(2)参照）を送付するなどして、できるだけ適法な（行訴法に適合した）方式・内容の訴状になる方向への教示等に努めるのが望ましいところです。

(2) 訴状審査の方法

ア 訴状審査は、書記官による審査と主任裁判官による審査を経ることになりますが、新件の受理後にどのような手順で書記官と主任裁判官が順次審査を進めていくかについては、一般的な訴状審査の在り方を踏まえ、各部において裁判官室と書記官室とで協議して効率的な運用を考えていくことになると思われます。行政事件訴訟においては、訴訟要件が多く複雑であるため、審査漏れのないように、各部において審査すべき項目を網羅的に列記した訴状審査票又は訴状審査メモの書式を作成し、それに基づいて訴状審査を行うのが効果的であり、各部ごとに工夫を凝らして書式を作成するプロセス自体が良い勉強になるものと考えられます。

イ 一つの方法としては、①まず書記官の方で、各部の書記官室で作成した「訴状審査票」の書式に基づいて審査を行った上で、②裁判官の方で、各

---

[4] 令和4年法律第48号による改正後の民訴法137条の2第6項（同改正法の公布日（同年5月25日）から起算して4年以内に施行予定）も含まれます（後記2(3)アにおいて同じ。）。

部の裁判官室で作成した「訴状審査メモ」の書式に基づいて審査を行う、という方法が考えられます。

上記①の「訴状審査票」については、審査事務の精度と効率性の確保の観点から、東京地裁・大阪地裁の行政部のように、各部で書式を作成することが有用であると考えられます。

上記②の「訴状審査メモ」については、訴訟要件等の審査漏れのないように、主任裁判官としてチェックすべき訴訟要件等の審査事項を網羅的に適切な順序で掲記した書式を、各部ごとに工夫して作成することが、その作成のプロセスを含めて有意義かつ有益であると思われます。

「訴状審査メモ」に掲記する項目としては、例えば、①冒頭に、(a)事件番号、事件名、当事者、(b)事案の概要などの記載欄を設けた上で、②請求の趣旨、管轄、原告（表記、原告適格、委任状・資格証明）、被告（表記、被告適格、被告代表者、行政庁）、処分性、訴えの利益、審査請求前置、出訴期間、請求の原因、証拠関係、訴額関係（訴訟物の価額、手数料、貼付額）、訴訟救助等の審査項目を適宜の順番で掲記し、③時系列、参考事項（関連事件の状況等）、関係法令、参考判例の記載欄も設けた上で、④上記②又は③の前後など適宜の箇所に、「検討」又は「進行」等の標題で、審査結果と進行方針の記載欄を設けることが考えられます。

ウ　担当書記官と主任裁判官の訴状審査作業の効率的な連携の在り方について、東京地裁の当時の在籍部（行政4か部の一つ。以下同じ。）では、裁判官室と書記官室との協議を経て、共通の「訴状審査メモ」のデータに、(ｱ)担当書記官が、新件受理後すぐに、上記①(a)の事項を入力し、原告の委任状・資格証明、訴額関係（訴訟物の価額、手数料、貼付額）等を審査して結果を入力し、その他気付きの点のチェック結果を入力した上で、(ｲ)主任裁判官の方で、速やかに上記①(b)～④の項目全般の審査と結果の入力を行い、短期間で（おおむね新件受理から数日以内に）「訴状審査メモ」を完成し、それに基づいて進行について合議を行う、という方式を採用しており、その後

も同様の運用が行われています。

　担当書記官と主任裁判官の訴状審査作業の連携の在り方については、各部ごとに、裁判官室と書記官室とで協議して、様々な工夫をしていくことが、事件処理の効率化に資するものと思われます。

　2　審査結果を踏まえた対応

　訴状の審査結果を踏まえた対応は、以下のとおりです。

　(1)　口頭の事務連絡

　簡易な補正事項や、容易に補正可能で教示を要する事項等については、書記官による口頭（電話等〔窓口での教示を含む。以下同じ。〕）の事務連絡により補正させた上で、訴状送達に進むことが考えられます。

　(2)　書面による事務連絡

　補正を要する事項の内容・性質や当事者の属性等に鑑み、口頭（電話等）の事務連絡では足りず、書面で補正を促すのが相当な事項については、裁判官の指示に基づいて作成する書記官名の事務連絡（行政事件訴訟の場合、記載内容が複雑であるため、実務上、裁判官の方で原案を起案した上で作成主体である書記官のチェックを経て作成されることが多いように見受けられます。）を送付し、任意の補正を促すことが考えられます。

　特に本人訴訟の場合、訴状の記載の趣旨が必ずしも明確ではないことが多く、前記1(1)の「できるだけ適法な（行訴法に適合した）方式・内容の訴状になる方向への教示等に努める」という観点から、事務連絡において、訴状の記載の趣旨を確認しながら、この趣旨であればこのように記載すれば適法な（行訴法に適合した）方式・内容（例えば請求の趣旨と被告の表示等）になる旨の説明・教示を記載した上で、事務連絡に添付する回答書の書式に回答のチェック欄（□の欄）のある複数の選択肢を提示して本人に選択してもらい、適法な（行訴法に適合した）方式・内容への補正を選択する場合には訴状の送達に進み、当初の要補正の記載の維持を選択する場合にはその理由の記載を求めた上で、その理由の内容に応じて以後の対処の方針を検討す

る、という対応が考えられます。このチェック方式の事務連絡(巻末の参考資料2「事務連絡の書式例」(後掲143頁以下)参照)は、平成20年から最初に東京地裁行政部の裁判長を務めた際に新たな試みとして始めたもので、その後に定着して広く用いられるようになったものですが、各部において各項目・類型ごとの先例をプールして共有化するなどの工夫をすることが事務処理の効率化に資するものと思われます。説明・教示の記載なしにいきなり補正命令を発すると、感情的な反発を招いたり、本人の方で補正の仕方が分からずに補正の機会を逸したりする等の可能性も想定されますが、懇切丁寧な説明・教示を記載することで、これらを回避し、適法な(行訴法に適合した)方式・内容の訴状への補正を経て円滑に訴状送達に至るケースも多々見られるところであり、平成16年の行訴法改正の趣旨にも沿う運用といえるものと思われます。

(3) 補正命令

ア 事務連絡による任意の補正の促しに当事者が応じず、要補正の状態の解消が見込まれず、訴状送達に進めない状態を放置し難いと認められる場合には、補正命令を発し、所定の期間内に補正がされないときは、不備の内容によっては、訴状却下命令(民訴法137条2項、138条2項)がされることになります。

できる限り事務連絡によって任意の補正を促すのが望ましい一方で、要補正の状態の解消が見込まれず、訴状送達に進めない状態が相当の期間に及ぶなど、補正命令の発出の方が妥当な場合には、適時に補正命令の発出を選択するのが望ましいものと思われます。

イ 補正を命ずる事項は、これに応じない場合には訴状却下命令又は140条却下判決の対象になる事項に絞るのが相当と考えられ、これに応じなくても訴状却下命令又は140条却下判決の対象にならない事項まで補正命令の中に記載するのは控えるのが相当であると思われます。

ウ　補正命令において補正を命じた不備の内容が民訴法134条2項[5]所定の事項以外の行訴法上の訴訟要件（例えば申請型の義務付けの訴えに係る取消訴訟等の併合提起等）であり、所定の期間の経過後も補正がされないことをもって補正不能と評価される場合には、140条却下判決がされることになります。

(4)　第1回口頭弁論期日の指定

ア　訴状について補正の必要のない場合又は事務連絡若しくは補正命令への応答等によって補正がされた場合には、訴状の送達と第1回口頭弁論期日の指定に進むことになります。また、訴訟要件の充足性（不備の補正の余地の有無）に疑問はあるが被告の答弁と原告の反論を経て議論を尽くした上で判断することが相当と思料される場合も、訴状の送達と第1回口頭弁論期日の指定をすることとなりますが（後記(5)ア(イ)参照）、上記の場合に、第1回口頭弁論期日の指定を留保した上で訴状の送達を行い、被告の答弁を見るなどした上で（事案によっては進行協議期日等も経た上で）進行を検討するのが相当な場合もあり得ると思われます。

イ　第1回口頭弁論期日の指定に際しては、できるだけ当該期日までに被告から実質答弁（認否・反論）がされるように、被告の答弁に要する期間を見込んで候補日を複数選び、書記官の方で原告との日程調整を行うのが通例です。

ウ　本人訴訟で諸般の事情により期日の出頭が不能又は困難な原告については、訴状を送達して答弁書の提出を経て準備書面の往復により弁論終結に熟した段階で第1回口頭弁論期日を指定し、当該期日において原告の訴状と全ての準備書面を擬制陳述とし、原告提出の甲号証で必要なものは被告から同じものを乙号証として提出してもらうなどして、当該期日で弁論終結に至

5　令和4年法律第48号（第1条）による改正（令和5年2月20日施行）前は民訴法133条2項。

るという工夫が考えられます。

　エ　当事者多数の集団訴訟や特に複雑困難な事件等については、第1回口頭弁論期日の前に進行協議期日を指定し、第1回口頭弁論期日までに当事者双方で準備を要する事項の確認や指示等を行うことが有益な場合もあります。

(5)　140条却下判決

　ア(ア)　訴状審査の結果、訴えが訴訟要件を欠いており、不適法でその不備を補正することができないときは、民訴法140条に基づき、口頭弁論を経ないで訴えを却下する判決（140条却下判決）をすることができます。実務上、本人訴訟において訴状等の記載から不備の補正が不能と認められる場合に140条却下判決がされる事案が一定数見られます。

　(イ)　もっとも、訴訟要件の充足性の観点から民訴法140条の要件に該当し得ると思われる訴えについても、訴訟要件の充足性に関する判例の動向や学界等の議論の状況を踏まえ、被告の答弁と原告の反論を経て議論を尽くした上で判断するため、被告に訴状を送達し口頭弁論期日を開いて審理を行うのが相当と思料される事案もあるものと考えられ、個々の事案に応じて140条却下判決又は訴状送達・期日指定のいずれを選択するかを適切に見極める必要があると思われます（なお、前記(4)アのとおり、第1回口頭弁論期日の指定を留保した上で訴状の送達を行い、被告の答弁を見るなどした上で進行を検討するのが相当な場合もあり得ると思われます。）。

　イ　当該訴えの不備（訴訟要件の欠如）が、①その性質自体から補正の余地のないもの（例えば処分性の欠如等で上記ア(イ)の手続を経る余地もないもの）である場合には、補正命令を経るまでもなく140条却下判決をすることになりますが、②補正の余地のあるもの（例えば申請型の義務付けの訴えに係る取消訴訟等の併合提起等）ではあるが事務連絡による任意の補正の促しに応じないため不適法な状態を解消できない場合には、補正命令の発出及び所定の期間の経過を経て、なお補正に応じない以上は「その不備を補正する

ことができない」ものとして、140条却下判決がされることもあります。

ウ　訴状審査の結果、補正の余地のないもの（上記イ①）として140条却下判決が相当な事案との判断に至った場合には、口頭弁論期日の指定を経ないで判決に至る以上、当該事件の受理時からおおむね約1か月程度を目安に判決の言渡しに至るよう、迅速に処理することが望ましいものと思われます。

3　審査事項等

（※　後記(2)の訴訟要件については、説明の便宜上、期日での審理事項の詳細を含めて本項に掲記します。）

(1)　基礎的な審査事項

ア　併合の可否（立件の要否）

行政事件訴訟では、客観的併合・追加的併合及び主観的併合（行訴法16条1項、19条1項、17条1項）のいずれも、併合の要件として「関連請求」該当性が要求されており、この「関連請求」の要件を充足しているかどうかの判断が求められることが多いという特徴があります。

「関連請求」の定義は、行訴法13条に定められており、同条1号から5号までに列挙された請求その他「処分又は裁決の取消しの請求と関連する請求」（同条6号）とされています。

この「関連請求」該当性の判断基準について、最三小決平成17.3.29民集59巻2号477頁は、審理の重複や裁判の矛盾抵触の回避と当事者の訴訟提起・追行上の負担の軽減及び訴訟の迅速な解決の観点から、各請求の基礎となる社会的事実が一体として捉えられるべきものであって密接に関連しており、争点も同一である場合に、当該各請求は行訴法13条6号所定の関連請求に当たると判示していますので、この判例の判断基準に従って、個々の事案ごとに「関連請求」該当性の有無を個別具体的に検討することが必要となります。なお、本体の請求に係る訴え（例えば取消訴訟等）が不適法である場合には、これに他の請求に係る訴え（例えば義務付けの訴え、損害賠償請求

の訴え等）を併合提起することはできませんので、この点も留意する必要があります。

　上記の判例の判断基準に従って検討し、当該各請求が関連請求に当たらないと判断される場合には、一方の請求について立件指示をした上で、記録を分離するか又は弁論併合の決定をして記録を一体化するかの選択をするのが通例です（一方の請求につき管轄がなく、応訴管轄の発生の可能性もない場合には、移送決定が必要になる場合もあります。）。もっとも、実務上、事案によっては、立件指示まではしないで、後記イ(イ)②のように訴額の合算逓減をしないものとするにとどめる場合も見られ、この場合には黙示的に弁論併合の決定がされたものといえると思われます。

　イ　訴額の算定等

　行政事件訴訟では、訴状審査の段階で、訴額（訴訟物の価額）の算定について、複数の請求に係る非合算（吸収）又は合算逓減の可否、算定可能若しくは算定不能な財産権上の請求か又は非財産権上の請求かなど、算定の在り方が問題となるケースが少なくなく、以後の影響も視野に入れた理論的な検討が必要となります。

　(ア)　複数の請求に係る非合算（吸収）等の可否

　a　複数の請求の間で、民訴法9条1項ただし書にいう主張する利益の共通の要件を満たすと認められる場合には、一方の請求の訴額のみを基準として手数料を算定すれば足り、他の請求の訴額は吸収関係にあるものとして合算不要（非合算）となります。

　この点につき、東京地裁及び大阪地裁の運用では、上記の具体例として、①原処分の取消請求の訴額には裁決の取消請求の訴額を合算しなくてよいとされ、②外国人事件につき、(a)異議の申出は理由がない旨の裁決の取消請求（前出の脚注3〔5頁〕参照）の訴額には退去強制令書発付処分の取消請求の訴額を合算しなくてよいとされ、(b)難民不認定処分の取消請求の訴額には、これに伴ってされた在留特別許可の不許可処分及び退去強制令書発付処

分の取消請求の訴額を合算しなくてよいとされています。

　b　また、各種の加算税（過少申告加算税・無申告加算税・重加算税）の賦課処分の取消請求が、本税の更正処分等の取消訴訟と併合して提起された場合につき、東京地裁及び大阪地裁の運用では、加算税の賦課処分の取消請求については附帯請求として訴額に算入しないもの（不算入）とされています（民訴法9条2項参照）[6]。

　(イ)　複数の請求に係る合算逓減の可否

　複数の請求の間で、主張する利益の共通の要件を満たさない場合（吸収関係にあるとは認められない場合）のうち、①関連請求性が認められるときは、民訴法9条1項本文にいう一の訴えで数個の請求をする場合として、各請求の訴額を合算したものを当該訴えの訴額として手数料を算定することになりますが、②関連請求性が認められない場合には、複数の訴えで数個の請求をする場合として、各請求ごとの各訴額を基礎に算定した各手数料を合算して手数料を算定することになります。実際に関連請求性が認められるか否かは個々の事案ごとの個別の判断となり、例えば複数の年度の課税処分の取消請求については、原告が同一というだけで直ちに関連請求性が認められるものではなく、事実関係や争点の共通性など諸般の事情を総合勘案した上で関連請求性の有無が判断されることになります。

　(ウ)　算定可能若しくは算定不能な財産権上の請求又は非財産権上の請求

　a　住民訴訟のうち、一定額の損害賠償等の請求を求めるいわゆる4号請求（地方自治法242条の2第1項4号）については、財産権上の請求と解されていますが、判例上、地方公共団体の損害の回復により住民全体の受ける

6　これらの本項a及びbの運用は、東京地裁（行政4か部）及び大阪地裁（行政2か部）に共通の運用であり、以上のように、東京地裁・大阪地裁では、訴額につき、各地裁ごとに共通の運用形成の試みがされ、その結果として、両地裁の間でも共通の運用が統一的に行われている事項も多く見られます。

べき利益は勝訴判決によって当該地方公共団体が直接受ける利益（当該請求に係る賠償額等）と同一ではあり得ず、他にその価額を算定する客観的、合理的基準を見いだすことも極めて困難であるから、民事訴訟費用等に関する法律4条2項に準じてみなし訴額によるものとされています（最一小判昭和53.3.30民集32巻2号485頁参照）。

　b　年金不支給処分の取消訴訟について、①年金支給処分がされた場合に原告が得ることができた年金額についての一定の計算方法を前提に、算定可能な財産権上の請求と捉えると、例えば、(a)支給開始から訴え提起までに原告が得ることができた年金額と(b)訴え提起からその1年後まで（平均審理期間）に原告が得ることができた年金額の合計額を訴額として手数料を算定する（原告が算定不能としてみなし訴額を訴状に記載してきた場合には、**職権で被告側に資料の提出を求めて上記(a)及び(b)の計算の内容と金額を確認した上で、原告に訴額の訂正を促す**）等の取扱いが考えられ、また、②将来原告が受け取るべき年金額（総額）の計算に不確定な要素があること等を踏まえると、原則として算定不能な財産権上の請求として扱い、原告が上記①のような計算をしてきた場合にはその内容によってはそれを受容するという取扱いも考えられ、事柄の性質上、いずれの方向の取扱いを採るかは、実務上の考慮を含めた各庁の判断に委ねられる事項と思われます。

　㈡　訴訟救助

　行政事件訴訟においても、訴訟救助の申立てがされるケースは一定の割合で見られ、特に社会保障関係の事件ではその申立てがされる例が多く、申立人について民訴法82条1項の要件の審査が必要となります。

　a　民訴法82条1項本文所定のいわゆる資力要件（同項本文にいう訴訟の準備及び追行に必要な費用を支払う資力がないこと又はその支払により生活に著しい支障を来すこと）の審査において、どの程度の疎明資料の提出を求めるか（例えば、申立人から資力の欠如をうかがわせる一応の資料が提出されている場合において、更に預貯金通帳の写しや所得証明書等といった資力

の欠如をより具体的に裏付ける疎明資料の追加を求めるか否か等）については、個々の事案に応じて個別具体的に判断され、申立人の提出した資料では上記の要件を疎明するに足りない場合、事案によっては、疎明資料の追加を求めた上で、その追加の有無によって訴訟救助の許否（資力要件の充足の有無）の判断がされることもあります。

　なお、原告本人からの訴訟救助の申立てについて、被告から資力の存在に係る意見書と疎明資料が提出され、その資料によれば原告本人において訴訟費用の納付が可能と認められる場合には、申立て却下の決定がされることになり、実務上、これによって結果的に濫訴の抑制につながるケースも見られるところです。

　b　民訴法82条1項ただし書所定の「勝訴の見込みがないとはいえない」ことも訴訟救助の要件とされていますので、訴訟要件を欠くために明らかに不適法な訴えである場合等は、この要件を欠くものとして、申立て却下の決定がされることになります。

(2)　訴訟要件

　以下、行政事件訴訟の訴訟要件について、主要な判例を中心に概観していきます（説明の簡明化のため、基本的に裁決を捨象して処分に係る行政事件訴訟を中心に見ていきます。）。

　また、説明の便宜上、必ずしも訴状審査の範ちゅうにとどまらない期日での審理事項の詳細を含めて、本項において訴訟要件全般について一通り概観することとし、以下のアないしエにおいては取消訴訟を中心として抗告訴訟全般を対象に、オにおいては取消訴訟以外の抗告訴訟を対象に、カにおいては当事者訴訟を対象に、キにおいては抗告訴訟及び当事者訴訟（主観訴訟）を対象に、クにおいては民衆訴訟及び機関訴訟（客観訴訟）を対象に、ケにおいては民衆訴訟の一類型である住民訴訟を対象に、それぞれ概観していきます。

　ア　抗告訴訟の基本的な訴訟要件（処分性、原告適格、訴えの利益）

まず、抗告訴訟の基本的な訴訟要件として、処分性、原告適格、訴えの利益について概観します。

(ア) 処分性

a 行政庁の公権力の行使に関する不服の訴訟である抗告訴訟（行訴法3条1項）の対象は、同条2項に規定する「行政庁の処分その他公権力の行使に当たる行為」であることを要し、その中には、①審査請求その他の不服申立てに対する行政庁の裁決、決定その他の行為（同条3項に規定する「裁決」）と②それ以外の行為（同条2項に規定する「処分」）が含まれています。判例上、上記②の「処分」とは、公権力の主体たる国又は公共団体（法令に基づき権限の委任又は付与を受けた法人又は団体を含む。）が公権力の行使として行う行為のうち、その行為によって、直接国民の権利義務を形成し又はその範囲を確定することが法律上認められているものであるとされており（最一小判昭和30.2.24民集9巻2号217頁、最一小判昭和39.10.29民集18巻8号1809頁等参照）、取消訴訟又は無効等確認の訴えや義務付けの訴え又は差止めの訴え等の抗告訴訟においては、その適法性に関し、上記の判例の判断基準に従って、個々の行政庁の行為につき、①行為の公権力性の有無（当該行為が公権力性を有するものであるかどうか）及び②法的地位に対する影響の有無（当該行為によって生ずる効果が原告の法的地位に対して影響を与えるものであるかどうか）を検討して処分性の有無を判断することになります（上記①及び②の各要素に係る判例の事案等に即した類型的な分析につき、実務的研究15～34頁の3～5等参照）。

b そして、(a)行政庁による複数の行為がされる一連の手続においてどの行為に処分性を認めて抗告訴訟の対象とするかについて、平成16年の行訴法改正後、上記a②の要素の検討において、争訟方法としての権利利益の救済の実効性の観点も考慮して判断を示した判例も現れており、①前掲最大判平成20.9.10（浜松市土地区画整理事業計画決定取消訴訟）は、前記第2の3(4)のとおり、市町村の施行に係る土地区画整理事業の事業計画の決定につ

き、施行地区内の宅地所有者等の法的地位に変動をもたらし、抗告訴訟の対象とするに足りる法的効果を有するものということができ、「実効的な権利救済を図るという観点」から見ても、換地処分等がされる段階に至る前に、事業計画の決定がされた段階でこれを対象とした抗告訴訟の提起を認めるのが合理的であるとして、処分性を肯定する判断を示しており、②最二小判平成24.2.3民集66巻2号148頁も、土壌汚染対策法3条2項による通知につき、これを受けた土地の所有者等に所定の調査及び報告の義務を生じさせ、その法的地位に直接的な影響を及ぼすものであり、これに従わずに上記の報告をしない場合でも、早期に同条3項による報告の命令を対象とする取消訴訟を提起することができるものではなく、「実効的な権利救済を図るという観点」から見ても、同条2項による通知がされた時点で、これを対象とする取消訴訟の提起が制限されるべき理由はないとして、処分性を肯定する判断を示しています。また、③前掲最一小判平成24.2.9（教職員国旗国歌予防訴訟）においても、職務命令違反を理由とする懲戒処分の差止めの訴え及び当該職務命令に基づく公的義務の不存在の確認を求める訴え（実質的当事者訴訟）の適法性を肯定する判断の前提として、当該事案における職務命令の処分性の有無につき、教職員個人の身分や勤務条件に係る権利義務に直接影響を及ぼすものではなく、これを消極に解しても「争訟方法の観点から権利利益の救済の実効性」に欠けるところがあるとはいえない旨の判示がされています。

なお、(b)上記(a)とは事案の場面は異なりますが、最一小判平成21.11.26民集63巻9号2124頁が、市の設置する特定の保育所を廃止する条例の制定行為につき、その施行により廃止される保育所に入所中の児童及びその保護者に対して、直接、当該保育所において保育を受けることを期待し得る法的地位を奪う結果を生じさせ、行政庁の処分と実質的に同視し得るものであり、取消判決や執行停止の決定に第三者効（行訴法32条）が認められている取消訴訟において当該条例の制定行為を争い得るとすることには合理性があるとして、処分性を肯定する判断を示しているのも、上記(a)①の前掲最大判平成

20.9.10(浜松市土地区画整理事業計画決定取消訴訟)と同様の観点を考慮したものといえるように思われます。

これに関連して、最一小判昭和45.12.24民集24巻13号2243頁は、源泉徴収による所得税に係る納税の告知に関して、国税債権の確定した税額についての税務署長の意見が初めて公にされるものであることから、支払者がこれと意見を異にするときは、当該税額による所得税の徴収を防止するため、異議申立て又は審査請求[7]のほか、抗告訴訟も提起し得る旨を判示しており(なお、同判例は、納税の告知を受けた納税義務の全部又は一部の不存在の確認の訴え(実質的当事者訴訟)の提起も可能である旨を判示しています。)、上記(a)及び(b)の最近の判例の考え方と軌を一にするものとみることもできるように思われます。

なお、最近の裁判例として、東京地判平成28.11.29判タ1445号189頁は、行服法(平成26年法律第68号による改正前のもの)34条2項(現行25条2項に相当)に基づく執行停止の申立てを却下する決定に関し、同法によって付与された審査請求人の執行停止の申立権に法的効果を及ぼすものであるとした上で、行訴法25条2項に基づく執行停止の申立てのほかに、同決定に対する抗告訴訟の提起を認めることが、争訟方法に係る審査請求人の手続保障の観点からも相当である旨を判示して、同決定の処分性を肯定しています。

(イ) 原告適格

取消訴訟の原告適格の拡大は、平成16年改正時の最大の焦点とされた論点であり、実質的な考慮に基づいて原告適格について柔軟な解釈を導いた複数の判例を前提に、これらの判例の考慮事項を網羅的に明文化した行訴法9条2項の規定の新設により、改正法の趣旨に沿った柔軟な解釈を採る累次の判例・裁判例が現れていることは、前述したとおりです(なお、後記オ(ア)の無

---

[7] 当該事件に適用された平成26年法律第68号による改正前の行服法の下では、審査請求の前段階として異議申立ての手続が設けられていました。

効等確認の訴えに係る行訴法36条の「法律上の利益を有する者」の意義について取消訴訟の原告適格の場合と同義に解すべきであるとする前掲最三小判平成4.9.22〔もんじゅ訴訟〕に鑑み、無効等確認の訴えの原告適格の判断においても同法9条2項所定の考慮事項が同様に考慮されるべきものと解されます（後記b(c)の後掲最三小判平成26.7.29民集68巻6号620頁も、同法36条にいう当該処分の無効等の確認を求めるにつき「法律上の利益を有する者」について、前掲最三小判平成4.9.22〔もんじゅ訴訟〕を引用した上で、その該当性の判断に係る考慮事項を含めて取消訴訟の原告適格の場合と同様に解するのが相当である旨を判示しています。）。また、後記オ(ウ)c及び(エ)のいわゆる非申請型の義務付けの訴え及び差止めの訴えに係る同法37条の2及び37条の4の各第3項の「法律上の利益を有する者」の該当性の判断については、同各条の各第4項において明文で同法9条2項の規定が準用されています。）。

a 行訴法9条1項について

(a)「法律上の利益を有する者」の意義

まず、行訴法9条1項の「法律上の利益を有する者」の意義については、判例上、当該処分により自己の権利若しくは法律上保護された利益を侵害され又は必然的に侵害されるおそれのある者がこれに当たるとされています（最三小判昭和53.3.14民集32巻2号211頁、前掲最三小判平成4.9.22〔もんじゅ訴訟〕等参照）。

(b) 判例の動向

そして、判例上、①処分の名宛人以外の者が処分の法的効果による権利の制限を受ける場合（最二小判平成25.7.12集民244号43頁〔滞納者と他の者の共有に係る不動産につき滞納者の持分が国税徴収法に基づく差押処分の対象とされた場合、他の共有者は当該差押処分の取消訴訟の原告適格を有するとされた事例〕）、②処分の名宛人以外の者が処分の法的効果により公課の納付義務の範囲が増大するなど直接具体的な不利益を被るおそれがある場合（最

一小判平成18.1.19民集60巻1号65頁〔国税徴収法39条所定の第二次納税義務者が本来の納税義務者に対する課税処分の取消しによって回復すべき法律上の利益を有するとされた事例〕）は、行訴法9条2項の考慮事項について検討するまでもなく、同条1項の解釈として当然に上記の「法律上の利益を有する者」に当たるとされています。

　b　行訴法9条2項について
　(a)　法律上保護された利益の範囲

　処分の名宛人以外の者のうち、上記a(b)の場合以外の第三者の原告適格については、判例上、当該処分を定めた行政法規が、不特定多数者の具体的利益を専ら一般的公益の中に吸収解消させるにとどめず、それが帰属する個々人の個別的利益としてもこれを保護すべきものとする趣旨を含むと解される場合には、このような利益も上記a(a)にいう法律上保護された利益に当たり、当該処分によりこれを侵害され又は必然的に侵害されるおそれのある者は、当該処分の取消訴訟における原告適格を有するものとされています（前掲最三小判昭和53.3.14、前掲最三小判平成4.9.22〔もんじゅ訴訟〕等参照）。

　(b)　行訴法9条2項の趣旨と考慮事項

　そして、上記の「当該処分を定めた行政法規が、不特定多数者の具体的利益を専ら一般的公益の中に吸収解消させるにとどめず、それが帰属する個々人の個別的利益としてもこれを保護すべきものとする趣旨を含むと解される」か否かについて、実質的な考慮に基づいて柔軟な解釈を導いた複数の判例（前記第2の3(1)の伊達火力発電所訴訟・もんじゅ訴訟・新潟空港訴訟等の各最高裁判例）における考慮事項を網羅的に明文化したのが、平成16年改正で新設された行訴法9条2項の規定です。処分の根拠となる行政法規は、一般に、行政庁の行為規範として立案されており、第三者の原告適格の有無等に関する裁判規範としての側面を意識して立案されていないのが通例であるため、根拠法規の規定の文言のみからは、当該法規が上記の趣旨を含むと

解し得るか否かが必ずしも明らかでないことが多い中で、そのような行政法規を裁判規範として適切に解釈するために、その文言のみならず、根拠法令の趣旨及び目的、処分において考慮されるべき利益の内容及び性質、関係法令の趣旨及び目的、根拠法令に違反する処分により害されることとなる利益の内容及び性質並びにそれが害される態様及び程度を総合的に勘案し、法体系全体の趣旨と事柄の実質に則した規範的解釈を採ることが要請されていることを、同項の規定の法文からメッセージとして読み取ることができると思われます。

まず、行訴法9条2項に「処分…の根拠となる法令の規定の文言のみによることなく、」とあるのは、根拠法令の趣旨や保護法益の性質等に照らした柔軟な規範的解釈の要請を示すもので、前掲最三小判昭和60.12.17（伊達火力発電所訴訟）の「処分の法律上の影響を受ける権利利益は、処分がその本来的効果として制限を加える権利利益に限られるものではなく、行政法規が個人の権利利益を保護することを目的として行政権の行使に制約を課していることにより保障されている権利利益もこれに当たり、右の制約に違反して処分が行われ行政法規による権利利益の保護を無視されたとする者も、当該処分の取消しを訴求することができると解すべきである。そして、右にいう行政法規による行政権の行使の制約とは、明文の規定による制約に限られるものではなく、直接明文の規定はなくとも、法律の合理的解釈により当然に導かれる制約を含むものである。」との説示に由来するものと解されます。

また、行訴法9条2項の掲げる考慮事項のうち、①根拠法令の趣旨及び目的、②当該処分において考慮されるべき利益の内容及び性質は、上記(a)の各判例や前掲最三小判昭和60.12.17（伊達火力発電所訴訟）の判旨に由来するものと解され、③関係法令の趣旨及び目的は、前掲最二小判平成元.2.17（新潟空港訴訟〔航空法に基づく定期航空運送事業免許処分の取消訴訟につき、航空機騒音による障害の防止等に関する法律の趣旨及び目的も考慮して、飛行場周辺住民の原告適格を肯定した事例〕）の判旨に由来するものと

解され、④根拠法令に違反する処分により害される利益の内容及び性質並びにそれが害される態様及び程度は、前掲最三小判平成4.9.22（もんじゅ訴訟〔原子炉設置許可処分の無効確認訴訟につき、原子炉施設の法令違反（申請者の技術的能力や施設の安全性に関する審査の過誤・欠落）に起因する事故等がもたらす災害により周辺住民の生命、身体の安全等に及ぶことが想定される直接的かつ重大な被害の危険を考慮して、周辺住民の原告適格を肯定した事例〕）の判旨に由来するものと解されます。

(c) 判例の動向

行訴法9条2項の規定を新設した平成16年改正法の施行直後、同項所定の考慮事項の総合考慮によって騒音・振動を発する鉄道施設の事業認可に係る周辺住民の原告適格を認めた前掲最大判平成17.12.7（小田急線高架化事業認可取消訴訟）が現れたことは、前述のとおりです。同最大判は、根拠法規である都市計画に関する都市計画法の規定に加えて、関係法令である公害対策基本法や東京都環境影響評価条例の規定の趣旨及び目的をも参酌し、併せて根拠法令中の手続規定（周辺住民の意見聴取等の手続を定める都市計画法（平成11年法律第160号による改正前のもの）66条の規定）も考慮し、さらに、違法に都市計画事業認可がされた場合、当該事業に起因する騒音、振動等による被害を直接的に受けるのは、事業地周辺の一定範囲の地域に居住する住民に限られ、被害の程度は居住地が事業地に接近するにつれて増大するといった、被害の内容、性質、程度等に照らせば、都市計画事業の事業地の周辺に居住する住民のうち、当該事業が実施されることにより騒音、振動等による健康又は生活環境に係る著しい被害を直接的に受けるおそれのある者には、当該事業の認可の取消しを求める原告適格が認められる旨を判示しており、関係法令の趣旨及び目的を広く俯瞰した上で、行訴法9条2項所定の考慮事項を最大限に考慮して柔軟な解釈を採ることにより原告適格を肯定したものといえます。

また、この大法廷判決の流れに沿う判例として、産業廃棄物等処分業の許

可処分及びその更新処分の取消訴訟等における産業廃棄物最終処分場の周辺住民の原告適格を肯定した最三小判平成26.7.29民集68巻6号620頁は、根拠法令である廃棄物の処理及び清掃に関する法律（以下「廃棄物処理法」といいます。）の関係規定を通覧した上で、「以上のような産業廃棄物等処分業の許可及びその更新に関する廃棄物処理法の規定の趣旨及び目的、これらの規定が産業廃棄物等処分業の許可の制度を通して保護しようとしている利益の内容及び性質等を考慮すれば、同法は、これらの規定を通じて、公衆衛生の向上を図るなどの公益的見地から産業廃棄物等処分業を規制するとともに、産業廃棄物の最終処分場からの有害な物質の排出に起因する大気や土壌の汚染、水質の汚濁、悪臭等によって健康又は生活環境に係る著しい被害を直接的に受けるおそれのある個々の住民に対して、そのような被害を受けないという利益を個々人の個別的利益としても保護すべきものとする趣旨を含むと解するのが相当である。」と判示しています。

　今後、いわゆる環境訴訟における周辺住民等の原告適格の有無を検討するに当たっては、これらの判例における根拠法令及び関係法令の趣旨及び目的並びに周辺住民等の利益及びその侵害による被害の性質及び内容等に関する実質的な考慮の在り方を参考にして、柔軟な解釈を志向していく姿勢が求められているものといえると思われます（注1）（注2）。

　そして、これらの判例の流れを更に推し進めた判例として、一般廃棄物処理業（一般廃棄物の収集運搬業及び処分業）の許可更新処分の取消訴訟における競業者（当該処分の対象とされた区域につき既にその許可又は許可の更新を受けている者）の原告適格を肯定した最三小判平成26.1.28民集68巻1号49頁は、「以上のような一般廃棄物処理業に関する需給状況の調整に係る規制の仕組み及び内容、その規制に係る廃棄物処理法の趣旨及び目的、一般廃棄物処理の事業の性質、その事業に係る許可の性質及び内容等を総合考慮すると、廃棄物処理法は、市町村長から一定の区域につき一般廃棄物処理業の許可又はその更新を受けて市町村に代わってこれを行う許可業者につい

て、当該区域における需給の均衡が損なわれ、その事業の適正な運営が害されることにより前記のような事態が発生することを防止するため、上記の規制を設けているものというべきであり、同法は、他の者からの一般廃棄物処理業の許可又はその更新の申請に対して市町村長が上記のように既存の許可業者の事業への影響を考慮してその許否を判断することを通じて、当該区域の衛生や環境を保持する上でその基礎となるものとして、その事業に係る営業上の利益を個々の既存の許可業者の個別的利益としても保護すべきものとする趣旨を含むと解するのが相当である。」と判示しており、行訴法9条2項の精神に沿って根拠法令の趣旨を実質的に考慮する柔軟な規範的解釈のアプローチが示されています（注3）。

（注1）なお、場外車券発売施設（以下「場外施設」といいます。）の設置許可処分の取消訴訟における当該施設の周辺住民等の原告適格を否定した最一小判平成21.10.15民集63巻8号1711頁（サテライト大阪事件）には、その傍論の中に、一見すると生活環境上の利益について消極的なニュアンスであるかのように見受けられる説示（「一般的に、場外施設が設置、運営された場合に周辺住民等が被る可能性のある被害は、交通、風紀、教育など広い意味での生活環境の悪化であって、（中略）このような生活環境に関する利益は、基本的には公益に属する利益というべきであって、法令に手掛りとなることが明らかな規定がないにもかかわらず、当然に、法が周辺住民等において上記のような被害を受けないという利益を個々人の個別的利益としても保護する趣旨を含むと解するのは困難といわざるを得ない。」との説示）が含まれており、学界等からの強い批判の対象とされています。この説示は、いわゆる競輪の場外施設の周辺への影響という特殊な事柄が問題になった当該事案限りの傍論にすぎず、環境訴訟における生活環境上の利益一般に当てはまるものではなく、現にその後現れた前掲最三小判平成26.7.29（産業廃棄物最終処分場の事案）においても生活環境

上の利益について前掲最大判平成17.12.7（小田急線高架化事業認可取消訴訟）と同様のポジティブな内容の説示が維持されていますので、今後の環境訴訟における周辺住民等の原告適格の有無に関する判文の起案に当たっては、周辺住民等の生活環境上の利益について、前掲最一小判平成21.10.15（サテライト大阪事件）の上記説示を安易に引用した説示によるのではなく、個々の事案の諸事情に即して行訴法9条2項所定の考慮事項を広く十分に吟味した個別具体的な内容の説示を展開することが必要となるものと思料されるところです。

（注2）墓地、埋葬等に関する法律（以下「墓埋法」といいます。）に基づく墓地経営許可処分に関する周辺住民の原告適格について、平成16年改正前の判例（最二小判平成12.3.17集民197号661頁）では当該事案につきこれを消極に解していましたが、平成16年改正後の裁判例の中には条例の規定を根拠としてこれを積極に解したもの（東京地判平成22.4.16判時2079号25頁）が現れているところ、この点に関しては、墓埋法自体は許可の要件等を定めず、黙示的に条例により各地方公共団体によって内容が補完されることを予定している（一種の委任をしている）と解した上で、墓埋法とその委任を受けて各地方公共団体が定めた条例が相まって根拠法令となるものと解するのが相当である（このように解することによって、上記判例との結論の相違を条例の内容の差異によって整合的に説明することが可能になる）と考えられます。具体的には、前掲東京地判平成22.4.16の事案における条例のように、墓地等の周辺地域の飲料水の汚染等の衛生環境の悪化を防止することを目的とした条例又は規則（地方自治法15条1項）の規定があれば、生活環境や健康被害の発生を防止するという観点からも処分要件が課せられているとみることができ、また、一定の範囲の周辺住民等に対して墓地経営許可に係る手続への関与を認める条例又は規則の規定があれば、条例又は規則が周辺住民の個別的利益を保障していると解しやすいことから、これらのような条例又は規則の規定があれば、当該規定

や事案の内容に応じて、前掲最二小判平成12.3.17と抵触することなく、墓埋法及び条例又は規則が総体として周辺住民の生活環境や健康被害を受けないという個別的利益を保護する趣旨を含むと解される場合があるものと考えられます。

　この点に関し、墓埋法10条の規定により市長がした納骨堂の経営及びその施設の変更の許可処分につき周辺住民が提起した取消訴訟について、最三小判令和5.5.9民集77巻4号859頁は、当該市の制定した規則（墓埋法施行細則）に、市長は、墓埋法10条の規定による許可の申請があった場合において、当該申請に係る墓地等の所在地が学校、病院及び人家の敷地からおおむね300m以内の場所にあるときは、当該許可を行わないものとし、ただし、市長が当該墓地等の付近の生活環境を著しく損なうおそれがないと認めるときは、この限りでないと定める規定があることを踏まえ、当該納骨堂の所在地からおおむね300m以内の場所に敷地がある人家に居住する者は、当該規定を根拠として、その取消しを求める原告適格を有する旨を判示しており、この判例も、上記と同様の観点から当該規則を根拠法令として明示したものといえると考えられます。

（注３）なお、行訴法10条１項（自己の法律上の利益に関係のない違法の取消事由としての主張制限）については、環境訴訟において同項を適用して周辺住民等の違法の主張を排斥した裁判例に対し、学界等から、原告適格を肯定しても同項の規定の適用により原告の主張を排斥すれば実質的に原告適格を否定するのと同様であるとして、同項の廃止の立法論や適用範囲の限定解釈論等の強い批判がされています。このような行訴法10条１項の規定の位置付けや議論の状況等を踏まえ、当該事案において周辺住民等の第三者の原告適格を肯定する場合には、「自己の法律上の利益」との関係の有無についての事柄の実質に即した柔軟な規範的解釈を通じて、同項の適用につき慎重かつ謙抑的な姿勢が求められることに留意する必要があるものと思われます。

㈦ 訴えの利益
a 狭義の訴えの利益

取消訴訟における訴えの利益については、多岐にわたる論点が含まれていますが、本稿では、実務上問題となることの多い代表的な論点について概観するにとどめます（判例の事案等に即した類型的な分析の詳細につき、実務的研究115～133頁の10等参照）。

処分の名宛人が当該処分の取消しを求めるにつき「法律上の利益」（行訴法9条1項）を有するか否か（処分の効果が期間の経過その他の理由によりなくなった後においてもなお当該処分の取消しにより回復すべき法律上の利益（同項括弧書き）の有無を含む。）という訴えの利益の問題は、処分の名宛人以外の者に係る原告適格の問題と区別して、「狭義の訴えの利益」といわれることもあります（なお、後記オ㈦の無効等確認の訴えに係る同法36条の「法律上の利益」並びに後記オ㈦c及び㈡のいわゆる非申請型の義務付けの訴え及び差止めの訴えに係る同法37条の2及び37条の4の各第3項の「法律上の利益」についても、取消訴訟と同様に「狭義の訴えの利益」を観念することができます。）。

b 不利益性

処分の取消しを求める訴えの利益があるというためには、当該処分に不利益性があることが前提となりますが、判例上、(a)税額の増額更正処分後の減額再更正処分については、減額の幅に不服がある場合でも、その取消しを求める訴えの利益はなく、減額された当初の増額更正処分の取消しを求めるべきものとされ（最二小判昭和56.4.24民集35巻3号672頁）、(b)公務員の転任処分については、勤務場所、勤務内容等に不利益を伴うものでない場合には、当該公務員の法律上の地位に不利益な変更を及ぼすものではなく、その取消しを求める訴えの利益はないものとされ（最一小判昭和61.10.23集民149号59頁）、(c)外国人の在留期間更新許可処分については、更新された在留期間の長さに不服がある場合でも、当然に一定期間本邦に在留する権利を保

障されていない外国人の権利ないし法律上保護された利益を侵害するものとはいえず、その取消しを求める訴えの利益はないものとされています（最一小判平成8.2.22集民178号279頁）。

 c 期間の経過

 所定の期間の経過によって処分の効果が消滅した場合、なお当該処分の取消しにより回復すべき法律上の利益（行訴法9条1項括弧書き）があるか否かが問題となります。

 (a) 運転免許の効力停止処分については、免許の効力停止期間を経過し、かつ、当該処分の日から無違反・無処分で1年を経過したときは、当該処分の効果は同期間の経過によりなくなり、また、被処分者が当該処分を理由に道路交通法上不利益を受けるおそれはなくなる上、他に当該処分を理由に被処分者を不利益に取り扱い得ることを認めた法令の規定もないから、当該処分の取消しにより回復すべき法律上の利益は認められず、被処分者の名誉、感情、信用等を根拠としてこれを認めることはできないとされています（最三小判昭和55.11.25民集34巻6号781頁）。

 運転免許の効力停止処分の取消訴訟においては、免許の効力停止期間の満了する時期を確認した上で、このような訴えの利益の消長を踏まえ、審理を急いで早期に判決を言い渡すことが必要となる場合もあるものと思われます。

 (b) 所定の期間の経過による処分の効果の消滅後、当該処分の取消訴訟における訴えの利益の消長については、上記(a)の帰結が原則となりますが、重要な例外として、行政手続法12条1項により定められ公にされている処分基準において、先行の処分を受けたことを理由として後行の処分に係る量定を加重する旨の不利益な取扱いの定めがある場合には、当該先行の処分を受けた者は、将来において当該後行の処分の対象となり得るときは、当該先行の処分の効果が期間の経過によりなくなった後においても、当該処分基準の定めにより上記の不利益な取扱いを受けるべき期間内はなお当該処分の取消し

によって回復すべき法律上の利益を有するものとされています（最三小判平成27.3.3民集69巻2号143頁）。この判例では、処分基準に上記の取扱いの定めがある場合に、当該行政庁が後行の処分につき当該処分基準の定めと異なる取扱いをするならば、裁量権の行使における公正かつ平等な取扱いの要請や基準の内容に係る相手方の信頼の保護等の観点から、当該処分基準の定めと異なる取扱いをすることを相当と認めるべき特段の事情がない限り、そのような取扱いは裁量権の範囲の逸脱又はその濫用に当たることとなるものと解され、この意味において、当該行政庁の後行の処分における裁量権は当該処分基準に従って行使されるべきことがき束されているとされており、行政手続法に基づく処分基準の法的な位置付けに留意する必要があると思われます。なお、行政手続法に基づく処分基準の定義は同法2条8号ハに規定されており、この定義に該当するものであるか否か、また、処分の量定を加重する旨の不利益な取扱いの定めであるか否かについては、個々の事案ごとの確認が必要であることに留意する必要があると思われます。

d 処分を基礎とする工事等の完了

　処分を基礎として行われる工事が完了した場合における当該処分の取消し等を求める訴えの利益の消長については、処分の目的・効果、処分の取消しの効果等によって個別具体的に判断することが必要となり、①建築確認については、建築基準法6条1項の建築物の建築等の工事が着手される前に、当該建築物の計画が建築関係規定に適合していることを公権的に判断する行為であって、それを受けなければ当該工事をすることができないという法的効果が付与されているにすぎず、当該工事が完了した場合においては、建築確認の取消しを求める訴えの利益は失われるとされており（最二小判昭和59.10.26民集38巻10号1169頁）、他方、②土地改良事業の施行の認可については、認可処分後に行われる換地処分等の一連の手続及び処分は、当該認可処分が有効に存在することを前提とするものであり、当該認可処分が取り消されれば換地処分等の法的効力が影響を受ける以上、当該事業計画に係る工

事及び換地処分が全て完了し、当該事業施行地域の原状回復が社会通念上不可能となった場合でも、当該認可処分の取消しを求める訴えの利益は消滅しないとされています（最二小判平成4.1.24民集46巻1号54頁）。

イ　抗告訴訟の被告適格

取消訴訟の被告適格（行訴法11条）も、平成16年の行訴法改正により、簡明化の趣旨で、旧法下の処分行政庁等から、その属する国又は公共団体等に改められています（なお、他の抗告訴訟（後記オ(ｱ)ないし(ｴ)の無効等確認の訴え、不作為の違法確認の訴え、義務付けの訴え及び差止めの訴え）についても、行訴法38条1項において同法11条の規定が準用されています。）。

(ｱ)　処分又は裁決の取消しの訴えについて、行訴法11条1項は、処分行政庁又は裁決行政庁の所属する国又は公共団体を被告として提起すべきものと定め、同条2項は、処分行政庁又は裁決行政庁が国又は公共団体に属しない場合（法令に基づき権限の委任又は付与を受けた法人又は団体が処分行政庁又は裁決行政庁となる場合）には当該行政庁（当該法人又は団体〔例：建築確認の指定確認検査機関等の指定法人、弁護士会等〕）を被告として提起すべきものと定めています。

(ｲ)　訴状において被告を誤っている場合に正しい被告に補正する方法としては、実務上、事務連絡を活用するなどして正しい被告を教示した上、被告の表示の訂正で処理するのが通例です（実務上は、行訴法15条（被告を誤った訴えの救済）に基づく被告変更の許可の決定によるのは稀であるように思われます。）。なお、訂正時に出訴期間を徒過することのないよう速やかな対応が必要となります。

ウ　取消訴訟の審査請求前置

取消訴訟の審査請求前置に関する行訴法8条の規定は、平成16年改正の前後で変更はありません（なお、同条の規定は、同法38条4項において不作為の違法確認の訴えについても準用されています〔ただし、現行法には不作為の違法確認の訴えについての審査請求前置の定めは見られません。〕）。

(ア)　行訴法8条1項ただし書及び同条2項は、法律に当該処分についての審査請求に対する裁決を経た後でなければ処分の取消しの訴えを提起することができない旨の定めがあるときは、①審査請求があった日から3か月を経過しても裁決がないとき、②処分、処分の執行又は手続の続行により生ずる著しい損害を避けるため緊急の必要があるとき、③その他裁決を経ないことにつき正当な理由があるときを除き、その訴えの提起に先立って審査請求に対する裁決を経ること（審査請求前置）を要するものと定めています。

(イ)　したがって、処分の取消しの訴えに関しては、当該処分について根拠法規に審査請求前置の定めがないかどうか、個別法の規定の確認をした上で、その定めのある処分について審査請求に対する裁決を経ていないときは、上記(ア)①ないし③（行訴法8条2項各号）の事由の有無を確認することが必要となります。

(ウ)　審査請求前置の定めのある処分について審査請求に対する裁決を経ていない場合において、原告に代理人が就いているときは、上記(ア)①の審査請求の履践を示唆したり（提訴後に審査請求をして裁決がされるか又は3か月を経過すれば訴えが適法となります。）、上記(ア)③の「正当な理由」（同②の緊急の必要を含む。）の主張の補充を促したりすることが考えられ、これらに対する原告代理人の対応によって適法な訴えとして手続を進めることができる場合も少なくありません。

(エ)　審査請求前置の定めのある処分について審査請求に対する裁決を経ていない場合において、本人訴訟であるときは、事務連絡の活用（前記2(2)参照）により、裁決書の提出を促すなどして事実経過を確認した上で、事案によっては上記(ウ)と同様の示唆や促しをすることが考えられます。

エ　取消訴訟の出訴期間

取消訴訟の出訴期間（行訴法14条）についても、平成16年の行訴法改正により、行政事件訴訟をより利用しやすく分かりやすくする観点から、期間の伸長や起算点の統一等の改正がされています。

(ア) 行訴法14条は、出訴期間について、①処分があったことを知った日から6か月（1項）又は処分の日から1年（2項）、②審査請求があった場合、これに対する裁決があったことを知った日から6か月又は当該裁決の日から1年（3項）とし（旧法では上記②の場合は「〜日から起算する」として初日算入とされ（最一小判昭和52.2.17民集31巻1号50頁）、上記①の「〜日から〜を経過したとき」とする初日不算入（民法140条本文）との不均衡が生じていましたが、現行法では上記②の場合も上記①と同様の文言に改められて初日不算入とされ、その不均衡は解消されています。）、③「正当な理由」があれば、上記①又は②の期間制限に服さないものと定めています。

上記①及び②の「処分の日」又は「裁決の日」は、処分の決定書等若しくは通知書又は裁決書若しくは裁決通知書の作成日によるのではなく、処分又は裁決の相手方への告知又は到達（相手方の了知し得べき状態に置かれること）によってその効力が生じた日をもってその日付を認定する必要がありますので（最三小判昭和29.8.24刑集8巻8号1372頁、最一小判昭和57.7.15民集36巻6号1146頁参照）、その日付を書証等で確認する際には留意する必要があります。

(イ) 出訴期間を徒過した取消訴訟について、原告に代理人が就いている場合には、必要に応じて裁判所から指摘ないし示唆をするなどして、上記(ア)③の「正当な理由」の主張の補充がされたり、出訴期間の制限に服さない無効確認の訴えへの訴えの変更（交換的又は追加的な訴えの変更。後記(ウ)において同じ。）がされたりすることがあります。

(ウ) 出訴期間を徒過した取消訴訟について、本人訴訟の場合にも、事務連絡の活用（前記2(2)参照）により、上記(ア)③の「正当な理由」の主張の補充を促したり、無効確認の訴えへの訴えの変更について示唆したりされることがあります。

オ　取消訴訟以外の抗告訴訟に固有の訴訟要件

以下、取消訴訟以外の抗告訴訟に固有の訴訟要件について、各訴訟類型ご

とに概観します。

(ア)　無効等確認の訴えの訴訟要件（行訴法3条4項、36条）

無効等確認の訴え（処分若しくは裁決の存否又はその効力の有無の確認を求める訴訟）の訴訟要件については、行訴法36条において、(a)まず、処分の無効等の確認を求めるにつき「法律上の利益」を有することが要件とされ、これは取消訴訟に関する同法9条1項の「法律上の利益」と同様であって、取消訴訟に係る原告適格に関する前記ア(イ)の議論は、同条2項所定の考慮事項に係る判断の在り方を含め、そのまま無効等確認の訴えにも妥当するものであり、取消訴訟に係る訴えの利益に関する前記ア(ウ)の議論も同様です。

また、行訴法36条においては、(b)「当該処分…の存否又はその効力の有無を前提とする現在の法律関係に関する訴えによって目的を達することができない」場合であることが要件とされており、最三小判平成4.9.22民集46巻6号1090頁（前掲もんじゅ訴訟の関連事件〔処分の無効確認を求める訴えの事案〕）は、上記の場合とは、当該処分に基づいて生ずる法律関係に関し、処分の無効を前提とする当事者訴訟又は民事訴訟によっては、その処分のため被っている不利益を排除することができない場合はもとより、当該処分に起因する紛争を解決するための争訟形態として、当該処分の無効を前提とする当事者訴訟又は民事訴訟との比較において、当該処分の無効確認を求める訴えの方がより直截的で適切な争訟形態であるとみるべき場合も含まれる旨を判示しています（この判例は、当該事案において、人格権に基づく当該原子炉の建設又は運転の差止めを求める民事訴訟が提起されていても、当該民事訴訟は、上記「当該処分…の存否又はその効力の有無を前提とする現在の法律関係に関する訴え」に該当するものとみることはできず、また、当該処分の無効確認を求める訴えと比較して、当該処分に起因する紛争を解決するための争訟形態としてより直截的で適切なものであるともいえないとして、同条の要件を欠くものとはいえない旨を判示しており、このような他の訴訟類型との比較検討の在り方も実務上参考になるものと思われます。）。

(イ)　不作為の違法確認の訴えの訴訟要件（行訴法3条5項、37条）

不作為の違法確認の訴えの訴訟要件については、行訴法3条5項及び37条において、(a)法令に基づく申請がされ、(b)これに対する処分をしない行政庁の不作為がある場合に、(c)その申請をした者（原告適格）が提起することができるものとされており（行訴法3条5項にいう相当の期間内に何らかの処分をすべきであることは、本案要件の違法事由であると解されます。）、訴え提起後に行政庁による申請拒否処分がされると、訴えの利益が消滅し、当該処分の取消訴訟への訴えの変更がされる例が実務上散見されます。

(ウ)　義務付けの訴えの訴訟要件（行訴法3条6項、37条の2、37条の3）

平成16年の行訴法改正で創設された義務付けの訴えの訴訟要件については、いわゆる申請型と非申請型の両類型に共通の要件と各類型に固有の要件の検討が必要となります。

a　両類型の義務付けの訴え（行訴法3条6項）に共通の訴訟要件としては、①義務付けの対象行為の処分性、②当該処分につき行政庁が法令上の権限を有することが挙げられます。

b　いわゆる申請型の義務付けの訴え（行訴法3条6項2号）に固有の訴訟要件としては、(a)当該処分に係る法令上の申請権の存在、法令上の申請に対する不作為又は拒否処分、(b)不作為の違法確認の訴え又は取消訴訟若しくは無効等確認の訴えとの併合提起、(c)その併合提起された訴えに係る請求が認容されるべきものであること、(d)原告適格（申請者本人）が挙げられます（同号、同法37条の3第1項から第3項まで）。

c　いわゆる非申請型の義務付けの訴え（行訴法3条6項1号）に固有の訴訟要件としては、(a)原告適格（「法律上の利益」。同法9条2項の準用）、(b)重大な損害を生ずるおそれ（いわゆる重損要件）、(c)補充性（その損害を避けるため他に適当な方法がないこと）が挙げられ、上記(b)の重大な損害を生ずるか否かの判断に当たっては、損害の回復の困難の程度を考慮し、損害の性質及び程度並びに処分の内容及び性質を勘案するものとされています

（同法37条の2第1項から第4項まで）。

　そして、後記㈣cの判例に照らすと、上記(b)の重大な損害を生ずるおそれの有無については、「処分がされないことにより生ずるおそれのある損害が、事後の原状回復や損害賠償などにより容易に救済を受けることができるものではなく、処分をすべき旨を命ずる方法によるのでなければ救済を受けることが困難なものである」か否かという判断枠組みによって検討することになるものと考えられます。

　㈣　差止めの訴えの訴訟要件（行訴法3条7項、37条の4）

　平成16年の行訴法改正で創設された差止めの訴えの訴訟要件については、以下の要件の検討が必要となります。

　a　まず、差止めの訴え（行訴法3条7項）の基本的な訴訟要件として、①差止めの対象行為の処分性、②当該処分につき行政庁が法令上の権限を有することが挙げられます。

　b　次に、差止めの対象となる「処分…がされようとしている」場合であることが前提とされており（行訴法3条7項）、処分がされる蓋然性のあることも、基本的な訴訟要件として必要となり、前掲最一小判平成24.2.9（教職員国旗国歌予防訴訟）でも、職務命令違反を理由とする懲戒処分として免職処分がされる蓋然性は認められない以上、懲戒処分の差止めの訴えのうち免職処分の差止めを求める部分は不適法であるとされています。

　なお、差止めの訴えの係属中に当該処分がされた場合には、訴えの利益が失われますので、当該処分の取消訴訟等への訴えの変更がされることが多いように見受けられます。

　c　また、申請権者以外の者が原告となる差止めの訴えの性質上、非申請型の義務付けの訴えと同様に、(a)原告適格（「法律上の利益」。行訴法9条2項の準用）、(b)重大な損害を生ずるおそれ（いわゆる重損要件）、(c)補充性（その損害を避けるため他に適当な方法がないこと）が訴訟要件となり、上記(b)の重大な損害を生ずるか否かの判断に当たっては、損害の回復の困難の

程度を考慮し、損害の性質及び程度並びに処分の性質及び内容を勘案するものとされています（行訴法37条の4第1項から第4項まで）。

そして、上記(b)の重大な損害を生ずるおそれの有無について、前掲最一小判平成24.2.9（教職員国旗国歌予防訴訟）は、「処分がされることにより生ずるおそれのある損害が、処分がされた後に取消訴訟等を提起して執行停止の決定を受けることなどにより容易に救済を受けることができるものではなく、処分がされる前に差止めを命ずる方法によるのでなければ救済を受けることが困難なものである」か否かという判断枠組みを示した上で、毎年度2回以上の式典を契機として懲戒処分が反復継続的かつ累積加重的にされていくと事後的な回復が著しく困難になるという当該事案の事情の下において重損要件の充足性を肯定しており、最一小判平成28.12.8民集70巻8号1833頁（第4次厚木基地運航差止訴訟）も、同旨の判断枠組みを示した上で、航空機の離着陸の度に発生する騒音による被害（睡眠妨害、聴取妨害及び精神的作業の妨害や不快感、健康被害への不安等を始めとする精神的苦痛）が反復継続的に蓄積していくおそれがあるという当該事案の事情の下において重損要件の充足性を肯定しています。

事後的な救済方法による救済が不能か可能かのオール・オア・ナッシングの評価ではなく困難か容易かの相対的な評価を旨とする上記の判断枠組みは、重損要件の充足性を比較的緩やかに解したものとして一定の評価を受けており、個々の事案ごとの個別具体的な検討において、これらの判例の趣旨を踏まえ、重損要件について適切な判断をしていくことが望まれるところです。

また、上記(c)の補充性について、前掲最一小判平成24.2.9（教職員国旗国歌予防訴訟）は、職務命令違反を理由とする停職処分等の差止めを求める訴えについて、職務命令やその根拠となる通達は取消訴訟等及び執行停止の対象とならず、懲戒処分の取消訴訟等及び執行停止によっても容易に救済を受けることができないから、「その損害を避けるために他に適当な方法があるとき」には当たらず、補充性の要件を満たす旨を判示しています。

(後注) 無名抗告訴訟の適法要件

　義務付けの訴えと差止めの訴えは、平成16年の行訴法改正により法定抗告訴訟（抗告訴訟のうち行訴法3条2項以下において個別の訴訟類型として法定されているもの）の新たな類型として創設される前は、無名抗告訴訟（抗告訴訟のうち行訴法3条2項以下において個別の訴訟類型として法定されていないもの）の代表例とされており、従来の裁判例において無名抗告訴訟としての義務付け訴訟・差止訴訟の要件とされていたもの（①行政庁が当該処分をすべきこと又はすべきでないことについて法律上き束されており、行政庁に自由裁量の余地が全く残されていないために行政庁に第一次的な判断権を留保することが必ずしも重要ではないと認められ、②事前審査を認めないことによる損害が大きく、事前の救済の必要が顕著であり、③他に適切な救済方法がないという「三要件」）が、同年改正後の行訴法において訴訟要件と本案要件に整理されて法文化に至ったものとされています。これらの訴訟類型の法制化後、なお無名抗告訴訟が適法とされ得るためには、これらの訴訟類型を含む法定抗告訴訟との関係で補充性の要件を充足することが必要となり（塩野宏・行政法Ⅱ〔第6版〕（有斐閣）266～267頁参照）、無名抗告訴訟として適法とされ得る訴訟類型は極めて限られたものとなる（原田尚彦・行政法要論〔全訂第7版補訂2版〕（学陽書房）376～377頁参照）と解されるところ、前掲最一小判平成24.2.9（教職員国旗国歌予防訴訟）は、職務命令に基づく公的義務の不存在の確認を求める確認の訴えは、懲戒処分の予防を目的とする無名抗告訴訟としては、法定抗告訴訟である差止めの訴えとの関係で事前救済の争訟方法としての補充性を欠き、不適法である旨を判示しています。また、最一小判令和元.7.22民集73巻3号245頁は、将来の不利益処分の予防を目的として当該処分の前提となる公的義務の不存在確認を求める無名抗告訴訟は、当該処分に係る差止めの訴えと目的が同じであり、請求が認容されたときには行政庁が当該処分をすることが許されなくなるという点でも差止

めの訴えと異ならないことや、確認の訴えの形式で差止めの訴えに係る本案要件の該当性を審理の対象とするものといえることに鑑み、差止めの訴えと同様に、行政庁によって一定の処分がされる蓋然性があることという訴訟要件を満たさない場合には不適法である旨を判示しています。

カ　当事者訴訟の訴訟要件
　行訴法4条の「当事者訴訟」(「公法上の当事者訴訟」とも称されます。)は、以下のとおり、同条の法文に即して、形式的当事者訴訟と実質的当事者訴訟に分類されます。
　(ｱ)　形式的当事者訴訟の訴訟要件（行訴法4条）
　行訴法4条の「当事者訴訟」のうち、「当事者間の法律関係を確認し又は形成する処分又は裁決に関する訴訟で法令の規定によりその法律関係の当事者の一方を被告とするもの」は、形式的当事者訴訟と称されており、土地収用法133条（都市再開発法85条3項において準用する場合を含む。以下同じ。）所定の損失の補償に関する訴えを代表例とする損失補償関係訴訟がこれに当たり（その他の立法例については、知的財産関係法令を含め、条解行訴法141〜144頁の2(2)等参照）、このような法定の訴訟類型に該当すること及び法定の適法要件（被告適格、出訴期間等）を充足することが訴訟要件となります（なお、形式的当事者訴訟が提起されたときは、裁判所は、当該処分又は裁決をした行政庁にその旨を通知するものとされています（行訴法39条)。)。
　土地収用法133条所定の損失の補償に関する訴えについては、その法的性質をめぐる給付・確認訴訟説と形成訴訟説の対立を背景として、請求の趣旨において、給付請求又は債務不存在確認請求（以下「給付・確認請求」といいます。）に加えて裁決変更請求を併合することの要否が問題となりますが（これに関連して、遅延損害金の起算点も問題となります。)、実務の取扱いでは、①給付・確認請求のみの場合及び②給付・確認請求と裁決変更請求の

併合請求の場合のいずれも適法な訴えとして受容されており、判例上も、原審の請求が①又は②のいずれの場合でも適法な訴えであることを前提に上告審の争点について法的判断が示されています。すなわち、最三小判平成9.1.28民集51巻1号147頁は、原審の①の請求に係る訴えが適法な訴えであることを前提に、土地収用法133条所定の損失補償に関する訴訟は、裁決のうち損失補償に関する部分又は補償裁決に対する不服を実質的な内容としてその適否を争うものであるが、究極的には、起業者と被収用者との間において、裁決時における同法所定の正当な補償額を確定し、これをめぐる紛争を終局的に解決し、正当な補償の実現を図ることを目的とするものであって、当該訴訟において、権利取得裁決において定められた補償額が裁決の当時を基準としてみても過少であったと判断される場合には、判決によって、裁決に定める権利取得の時期までに支払われるべきであった正当な補償額が確定されるものである旨を判示しており（これに関連して、遅延損害金の起算点についても、被収用者である土地所有者等は上記の時期において収用土地に関する権利を失い、収用土地の利用ができなくなる反面、起業者は上記の時期に権利を取得してこれを利用することができるようになっているのであるから、被収用者は、正当な補償額と裁決に定められていた補償額との差額のみならず、その差額に対する権利取得の時期からその支払済みに至るまで民法（平成29年法律第44号による改正前のもの）所定の年5分の法定利率に相当する金員を請求することができる旨を判示しています。）、訴訟の法的性質論の対立を止揚した救済の実効性の観点から制度趣旨の実質に即した判断が示されています。

(イ) 実質的当事者訴訟の訴訟要件（行訴法4条）

　行訴法4条の「当事者訴訟」のうち、「公法上の法律関係に関する確認の訴えその他の公法上の法律関係に関する訴訟」は、実質的当事者訴訟と称されており、その訴訟要件については、基本的には確認訴訟・給付訴訟といった訴訟類型ごとに通常民事訴訟に準じて検討することになりますが、実務

上、その代表例である「公法上の法律関係に関する確認の訴え」の訴訟要件として確認の利益の有無が問題となる事例が多く見られます。

　平成16年の行訴法改正では、処分性のある行政庁の行為の介在しない法律関係（抗告訴訟の対象外の法律問題）について権利救済の方法を確保するための訴訟類型としての活用を想定して、「公法上の法律関係に関する確認の訴え」が例示として明示された経緯があります。

　現に、平成16年改正法の施行後、前掲最大判平成17.9.14（在外邦人選挙権制限違憲訴訟）においては、在外国民が次回の衆議院議員の総選挙及び参議院議員の通常選挙において在外選挙人名簿に登録されていることに基づいて投票することができる地位にあることの確認を求める訴えが、具体的な選挙につき選挙権を行使する権利を確保するために有効適切な手段であり、確認の利益を肯定すべきものであって、公法上の法律関係に関する確認の訴えとして適法であるとされており、上記の「公法上の法律関係に関する確認の訴え」は、抗告訴訟の対象外の法律問題に対応し得る訴訟類型として活用され、当該争訟の解決のために有効適切な手段であるか否かという実質的な考慮によって確認の利益が肯定されています。また、前掲最大判令和4.5.25（在外邦人国民審査権制限違憲訴訟）においても、上記と同様の観点から、(a)在外国民が次回の国民審査において審査権を行使することができる地位にあることの確認を求める訴え（最高裁判所裁判官国民審査法の規定の解釈を理由とするもの）及び(b)国が在外国民に対して国外に住所を有することをもって次回の国民審査において審査権の行使をさせないことが違法であることの確認を求める訴え（同法の規定の違憲を理由とするもの）は、在外国民に係る上記(a)の地位の存否に関する法律上の紛争及び上記(b)の違法性の有無に関する争いを解決するために有効適切な手段であるとして、いずれも適法であるとされています（前記第2の3(3)参照）。そのほか、最二小判平成25.1.11民集67巻1号1頁でも、医薬品の郵便等販売（店舗以外の場所にいる者に対する郵便その他の方法による販売又は授与）を禁止する平成18年改

正後の薬事法施行規則（平成26年厚生労働省令第87号による改正前の題名。以下同じ。）の規定にかかわらず医薬品の郵便等販売をすることができる権利ないし地位を有することの確認を求める訴えを適法とする原審の判断を前提に、薬事法施行規則の当該規定の適法性について判断が示されています。）。

キ　抗告訴訟及び当事者訴訟に係る法律上の争訟性（裁判所法3条1項）

司法の権能の観点から、裁判所法において、裁判所が個人の権利利益に関わる争訟について裁判の権限を有する対象は「法律上の争訟」であることを要するとされ（3条1項）、判例上、「法律上の争訟」とは、当事者間の具体的な権利義務ないし法律関係の存否に関する紛争であって法令の適用により終局的に解決することができるものであるとされており、抗告訴訟ないし実質的当事者訴訟において当否が争われた事項が法律上の争訟性を欠く場合、当該訴訟の訴えは不適法であるとされています（最一小判昭和29.2.11民集8巻2号419頁〔村議会の予算議決〕、最三小判昭和41.2.8民集20巻2号196頁〔国家試験の合否の判定〕等参照）。

この点に関し、最大判昭和35.10.19民集14巻12号2633頁は、普通地方公共団体の議会における議員に対する出席停止の懲罰の適否につき、自律的な法規範を有する社会ないし団体の内部規律の問題として自治的措置に委ねるのが適当な事項であるとして、司法審査の対象にならない旨を判示していましたが、最大判令和2.11.25民集74巻8号2229頁は、これを判例変更し、上記の出席停止の懲罰につき、その性質や議員活動に対する制約の程度に照らすと、議員の権利行使の一時的制限にすぎないものとしてその適否が専ら議会の自主的、自律的な解決に委ねられるべきであるとはいえず、裁判所は常にその適否を判断することができ、その適否は司法審査の対象となる旨を判示しており、地方議会のような自律的な組織における紛争に関しては、今後、上記の判断基準に照らし、当該事項の性質や当事者の権利利益に対する制約の程度等を総合考慮して個々の事案ごとに司法審査の対象となるか否かを個

別具体的に判断する必要があるものと考えられます（議員の除名処分については、前掲最大判昭和35.10.19も、傍論の中で、議員の身分の喪失に関する重大な事項であり、単なる内部規律の問題にとどまらず、司法審査の対象となる旨を判示しており、上記の判断基準に照らしても同様の結論になるものと解されます。他方、前掲最大判昭和35.10.19を引用して司法審査の対象とならないとした最一小判平成30.4.26集民258号61頁〔議員の議場における発言に対する議長の取消命令〕及び最一小判平成31.2.14民集73巻2号123頁〔議員の視察欠席に対する議会運営委員会の厳重注意処分〕のような事案については、今後は、前掲最大判令和2.11.25の判断基準に照らして、司法審査の対象となり得るか否かが個々の事案の諸事情に即して個別具体的に判断されることになるものと考えられます〔最高裁判所判例解説民事篇令和2年度版（下）〔28〕734〜736頁の「（2）他の措置」参照〕。）。

　このように、個人の権利義務に関わる訴訟類型として「主観訴訟」と称される抗告訴訟及び当事者訴訟において、法律上の争訟性（司法審査の対象の適格性）は、審判対象の本質に関わる訴訟要件となります。

　ク　民衆訴訟及び機関訴訟の訴訟要件（行訴法5条、6条、42条等）
　㋐　行訴法は、(a)2条において、「行政事件訴訟」とは、抗告訴訟、当事者訴訟、民衆訴訟及び機関訴訟をいうと定め、(b)5条において、「民衆訴訟」とは、「国又は公共団体の機関の法規に適合しない行為の是正を求める訴訟で、選挙人たる資格その他自己の法律上の利益にかかわらない資格で提起するもの」をいうと定め、(c)6条において、「機関訴訟」とは、「国又は公共団体の機関相互間における権限の存否又はその行使に関する紛争についての訴訟」をいうと定めています。

　その上で、行訴法は、(d)42条において、民衆訴訟及び機関訴訟は、法律に定める場合において、法律に定める者に限り、提起することができると定めており、(e)43条において、民衆訴訟又は機関訴訟のうち、①処分又は裁決の取消しを求めるものについては、9条及び10条1項の規定を除き、取消訴訟

に関する規定を準用し、②処分又は裁決の無効の確認を求めるものについては、36条の規定を除き、無効等確認の訴えに関する規定を準用し、③上記①及び②以外のものについては、39条及び40条1項の規定を除き、当事者訴訟に関する規定を準用すると定めています。

　民衆訴訟及び機関訴訟は、抗告訴訟及び当事者訴訟が個人の権利利益に関わる（法律上の争訟の範囲内の）訴訟類型として「主観訴訟」と称されるのに対し、個人の権利利益に関わらない公益のための（法律上の争訟の範囲外の）訴訟類型として「客観訴訟」と称されており、個別法で特別に法定された訴訟類型に限り、それに該当する範囲内でのみ認められるものです。

　(イ)　現行法令上、民衆訴訟として法定されている訴訟類型の例としては、住民訴訟（地方自治法242条の2）、選挙無効訴訟・当選無効訴訟（公職選挙法203条、204条、207条、208条）、選挙人名簿登録異議訴訟（同法25条）、最高裁判所裁判官国民審査無効訴訟（最高裁判所裁判官国民審査法36条）等があり（なお、議員定数の不均衡（投票価値の不平等）を理由とする選挙無効訴訟は、判例が法定の訴訟類型である選挙無効訴訟において無効原因として主張し得る事由の範囲を制度の趣旨等に照らして広げる解釈を採ったものということができます（最大判昭和51.4.14民集30巻3号223頁、最一小決平成24.11.30判時2176号27頁参照）。）、①これらの法定の訴訟類型のいずれにも該当しない内容の訴え及び②法定の原告適格者に該当しない者によるこれらの訴訟類型の訴えは、行訴法42条により、民衆訴訟として不適法とされることになります（上記①のような不適法な訴えが提起されている場合、客観訴訟としては同条により不適法とされ、主観訴訟としては法律上の争訟性を欠くなどの理由により不適法とされる事案が多いように見受けられます。）。

　なお、住民訴訟の訴訟要件については、様々な観点から実務上問題となることが多いため、後記ケにおいて独立の項目を設けて概観することとします。

　(ウ)　現行法令上、機関訴訟として法定されている訴訟類型の例としては、

普通地方公共団体に対する国又は都道府県の関与に関する訴訟（地方自治法251条の5から251条の7まで、252条）、普通地方公共団体の議会の議決又は選挙に関する総務大臣又は都道府県知事の裁定に対する普通地方公共団体の議会又は長の不服の訴訟（同法176条7項）等があり、上記(イ)と同様に、①これらの法定の訴訟類型のいずれにも該当しない内容の訴え及び②法定の原告適格者に該当しない者によるこれらの訴訟類型の訴えは、行訴法42条により、機関訴訟として不適法とされることになります。

ケ　住民訴訟の訴訟要件（地方自治法242条の2、242条1項・2項）

全国的に行政事件訴訟の実務で多く見られる住民訴訟については、これに特有の様々な訴訟要件があり、実務上もその充足性が争われる事例が多いため、ここで一通り概観しておきます。

(ア)　地方自治法242条の2第1項各号の訴訟類型

住民訴訟は、取消訴訟等のような主観訴訟とは異なり、客観訴訟の一類型であって、行訴法5条所定の民衆訴訟（「公共団体の機関の法規に適合しない行為の是正を求める訴訟で、…自己の法律上の利益にかかわらない資格で提起するもの」）に当たりますので、「法律に定める場合において、法律に定める者に限り、提起することができる」ものとされており（同法42条）、地方自治法242条の2第1項各号所定の訴訟類型に該当するもの（①差止請求（1号）、②取消し又は無効確認の請求（2号）、③怠る事実の違法確認請求（3号）、④損害賠償若しくは不当利得返還の請求を求める請求又は賠償命令を求める請求〔義務付け請求〕（4号））に限って提起することができ（実務上、各類型ごとに「4号請求」等と称されています。）、これらの訴訟類型のいずれにも該当しないもの（例えば、条例の違法確認請求等）は、訴訟要件を欠く不適法な訴えとされることになります。

(イ)　原告適格と被告適格

a　住民訴訟は、当該地方公共団体の住民がその住民としての地位（「自己の法律上の利益にかかわらない資格」）に基づいて提起する民衆訴訟（行

訴法5条）であり、当該地方公共団体に住所を有すること（住所要件）が原告適格の要件となります。時折、住所要件が争われ、微妙な認定判断が必要となる事案も散見されるところです。

なお、当該地方公共団体の住民である原告が死亡した場合、訴訟の承継の余地はなく、当該原告の請求に関する限り、訴訟は当然に終了し、主文において「本件訴訟のうち原告〇〇〇〇の請求に関する部分は、令和〇年〇月〇日同原告の死亡により終了した。」等の終了宣言をすべきものとされています（最二小判昭和55.2.22集民129号209頁参照）。

b 住民訴訟の被告は、①1号請求については、当該行為を行う権限を有する執行機関（知事、市町村長等）又は職員、②2号請求については、当該地方公共団体、③3号請求については、当該懈怠に係る行為を行う権限を有する執行機関又は職員、④4号請求については、当該請求権を行使する権限を有する執行機関又は職員となりますが（地方自治法242条の2第1項）、上記①、③又は④の各請求について、関係法令において権限委任がされている場合には、当該権限の委任を受けた職員に被告適格がありますので、関係法令を精査して権限委任の有無の確認をする必要があります。

(ウ) 財務会計上の行為（財務会計行為）該当性

地方自治法242条の2第1項1号、2号又は4号所定の住民訴訟の対象となる違法な「行為」とは、同法242条1項所定の違法な「公金の支出、財産の取得、管理若しくは処分、契約の締結若しくは履行若しくは債務その他の義務の負担」、すなわち財務会計上の行為（以下「財務会計行為」ともいいます。）であり、原告が違法であるとする行為が財務会計上の行為に該当しないときは、当該訴えは、住民訴訟の適法要件（対象適格）を欠くものとして、不適法とされることとなります。

この点につき、最一小判平成2.4.12民集44巻3号431頁は、保安林内の市有地に市道を建設するに際して、市建設局長らが請負人をして道路建設工事をさせる旨の工事施行決定書に決裁し、これに関与した行為は、道路整備計

画の円滑な遂行・実現を図るという道路建設行政の見地からする道路行政担当者としての行為であって、当該土地の森林（保安林）としての「財産的価値に着目し、その価値の維持、保全を図る財務的処理を直接の目的とする財務会計上の財産管理行為」には当たらないから、地方自治法242条の2に定める住民訴訟の対象となる行為とはいえず、当該訴えは不適法として却下すべきものと判示しています。もっとも、地方公共団体の執行機関又は職員の行為の中には、一定の行政目的を達成するための行為としての側面と財務的処理の側面を併せ持つ行為が一定の割合で存在し、そのような行為に係る財務会計行為該当性の有無については微妙な判断を求められるケースも少なくないものと考えられ、地方公共団体における財産上の損失の発生防止又はその回復という住民訴訟の制度目的に照らして、当該行為の財務的処理の側面を捉えて住民訴訟の対象とすることがその目的に資するものと解される場合には、前掲最一小判平成2.4.12にいう「直接の目的とする」か否かの点は必ずしも厳格に解する必要はなく（当該事例のこの文言を捉えて殊更に限定的な解釈を採るのは相当ではなく）、上記の観点からその点を比較的緩やかに解して財務会計行為該当性を認めるのが相当な場合もあり得るのではないかと思われるところです。

㈡　監査請求前置

地方自治法242条の2第1項は、住民訴訟の訴訟要件として、同法242条1項所定の監査請求の前置を要するものと定めており、適法な監査請求を経ていない場合には、当該住民訴訟は不適法な訴えとして却下されることになるため、住民訴訟についてはこの監査請求前置の充足性をめぐり訴えの適法性が争われるケースが多く見られます。

　a　監査請求の有無及び対象の範囲の確認（地方自治法242条の2第1項）

監査請求を経て住民訴訟が提起されている事案においても、住民訴訟の対象とされている複数の財務会計上の行為の中に監査請求の対象の範囲を超えるものが一部含まれている場合には、その監査請求の対象の範囲を超える請

求の内容が実質的に監査請求の範囲に含まれているか否かが問題となることがあり、①実質的に含まれているといえるときは、訴えの全体が適法なものと解されますが（監査請求に係る行為又は事実から派生し又はこれを前提として後続することが当然に予測される行為又は事実であれば住民訴訟の対象とすることができるとした裁判例（広島高岡山支判昭和56.1.20行裁集32巻1号1頁及びその原審・岡山地判昭和52.12.27行裁集28巻12号1380頁）があります。）、②実質的に含まれているとはいえないときは、監査請求の履践による瑕疵の治癒の検討を促し、それでも履践されなければ訴えの一部を却下せざるを得ないケースも想定されます（なお、上記①の場合につき、三好達「住民訴訟の諸問題」新・実務民事訴訟講座9〔行政訴訟Ⅰ〕307頁以下〔319頁及び321頁の注（43）〕は、上記の裁判例と同旨の見解を示しています。）。

　なお、住民訴訟においては、その対象とする財務会計上の行為又は怠る事実について監査請求を経ていれば、その監査請求において求めた具体的措置の相手方とは異なる者を相手方として当該措置の内容と異なる請求をすることも許されるとされています（最二小判平成10.7.3集民189号1頁）。

　b　監査請求期間（地方自治法242条2項）

　地方自治法242条2項によれば、監査請求は、当該行為の日又は当該行為の終了日から1年を経過した後にされた場合には、その期間の経過につき正当な理由がある場合を除き、不適法となります。

　(a)　期間制限規定の適用の有無

　地方自治法242条2項の監査請求の期間制限規定が怠る事実に適用されるか否かについては、累次の判例による原則・例外の規範が形成されており、①原則として、怠る事実（後記②の例外を除く原則型は「真正怠る事実」と称されています。）には適用はありませんが（最三小判昭和53.6.23集民124号145頁）、②（上記①の例外として、）財務会計行為の違法・無効に基づいて発生する実体法上の請求権の行使を怠る事実（この例外型は「不真正怠る

事実」と称されています。）には、後記③の場合を除き、適用があるとされており（最二小判昭和62．2．20民集41巻1号122頁）、③（上記②の例外として、）上記②の怠る事実につき、特定の財務会計行為の存否・内容の検討を要するとしても、当該行為が財務会計法規に違反して違法であるか否かの判断をしなければならない関係にはない場合には、適用がないとされており（最三小判平成14．7．2民集56巻6号1049頁）、これらの判例の原則・例外の関係については、適用関係を誤らないよう、十分な注意が必要となります（なお、上記③については、上記①の例外としての上記②の範囲を明らかにしたものという整理も可能ですが、説明の分かりやすさの観点も考慮して、上記①ないし③の全体を原則・例外の関係で整理したものです。）。

(b) 監査請求期間の起算点

監査請求期間の起算点については、法文上、前記のとおり当該行為の日又は当該行為の終了日とされていますが、判例上、実体法上の請求権が財務会計行為の時点で未発生又は行使不能の場合には、当該請求権が発生し行使可能になった日（発生した日と行使可能になった日が異なる場合は後者）が起算点となるものとされています（最三小判平成9．1．28民集51巻1号287頁）ので、この点についても注意が必要となります（具体的には、4号請求の事案において、原告が違法と主張する財務会計上の行為が行われた時点と、損害が発生した時点又は損害額が確定した時点が異なる場合に、上記の判例の射程が及ぶものとして、当該事案の事実関係に応じて後者のいずれかの時点が起算点となることが想定されます。）。

(c) 期間経過後の監査請求と正当な理由の有無

監査請求期間の経過後にされた監査請求につき、期間の経過につき正当な理由があるとして適法な監査請求とみることができるか否かについては、判例上、住民が相当の注意力をもって調査を尽くしても客観的にみて住民監査請求をするに足りる程度に財務会計行為の存在又は内容を知ることができなかった場合、正当な理由の有無は、特段の事情のない限り、当該住民が相当

の注意力をもって調査すれば客観的にみて上記の程度に当該行為の存在及び内容を知ることができたと解される時(以下「客観的認識可能時点」といいます。)から相当な期間内に監査請求をしたかどうかによって判断すべきであるとされています(最二小判昭和63.4.22集民154号57頁、最一小判平成14.9.12民集56巻7号1481頁)ので、この判断基準に従って、個々の事案ごとの個別具体的な事情を総合考慮して正当な理由の有無を検討することが必要となります。この点については、複数の最高裁の事例判例があり、当該行為の公表や報道の時期・状況など各事案の事実関係の下において一定の月数につき相当な期間といえるか否かの判断が示されていますので(注)、これらの事案との比較の視点も踏まえながら検討するのが相当と考えられます。

(注) 上記の「相当な期間内」に監査請求をしたかどうかにつき、判例(民集・集民)を概観すると、①前掲最二小判昭和63.4.22は、客観的認識可能時点を昭和59年10月中旬とし、監査請求が昭和60年3月8日にされた事案において「相当な期間内」とはいえないとし、②前掲最一小判平成14.9.12は、客観的認識可能時点を平成元年12月13日とし、監査請求が平成2年2月17日にされていれば「相当な期間内」といえるが、同年3月7日にされていれば「相当な期間内」とはいえないとし、③最三小判平成14.10.15集民208号157頁は、客観的認識可能時点を昭和63年11月17日とし、監査請求が平成元年1月20日にされた事案において、「相当な期間内」とはいえないとし、④最三小判平成16.12.7集民215号869頁は、客観的認識可能時点を平成10年3月10日とし、監査請求が同年8月17日にされた事案において、「相当な期間内」とはいえないとし、⑤最一小判平成17.12.15集民218号1151頁は、客観的認識可能時点を平成9年8月19日とし、監査請求が同年12月15日にされた事案において、(当該支出に関する文書の公開を受けてから約3か月後にはその分析を終えることができたの

にかかわらず、それから更に約25日を経過した約4か月弱後の同日の時点では)「相当な期間内」とはいえないとし、⑥最一小判平成18.6.1集民220号353頁は、客観的認識可能時点を平成12年4月28日とし、監査請求が同年10月27日にされた事案において、「相当な期間内」とはいえないとし、⑦最一小判平成20.3.17集民227号551頁は、客観的認識可能時点を平成14年5月24日とし、監査請求が同年6月24日にされた事案において、「相当な期間内」といえるとしています。

　どの程度の期間が「相当な期間」であるかは個々の事案ごとの諸事情を総合考慮した上での個別具体的な判断によるべき事柄であり、何か月程度が分かれ目になるかは一概にはいえませんが、これらの判例の事案との比較の視点も踏まえながら個々の事案ごとに個別具体的に検討することになるものと思われます。

(後注)　争点訴訟(行訴法45条)〔訴訟類型の整理に関連する事項〕

　訴えの内容は民事訴訟(私法上の法律関係に関する訴訟)で、行政事件訴訟の類型には属さないが、行政事件訴訟に準ずる取扱いを受ける訴訟類型として、いわゆる争点訴訟(行訴法45条の「処分の効力等を争点とする訴訟」〔私法上の法律関係に関する訴訟であって処分若しくは裁決の存否又はその効力の有無を争点とするもの〕)があり、事務分配上も行政専門部・集中部に配てんされています。争点訴訟の例としては、土地の旧所有者が当該土地に係る収用裁決、公売処分又は農地買収処分の無効を主張して所有権確認、所有権移転登記抹消登記手続等を求める訴えなどがこれに当たり、これらの例では、当該処分に係る重大かつ明白な瑕疵の有無が争点となります。

　争点訴訟については、「処分若しくは裁決の存否又はその効力の有無」という争点に関する限りでは、抗告訴訟に準じた取扱いをするのが相当であることから、行訴法45条は、①1項において、行政庁の参加及び行政庁

への通知に関する同法23条1項及び2項並びに39条の規定を準用し、②2項及び3項において、行政庁の参加に関する手続規定を設け、③4項において、当該争点について釈明処分の特則及び職権証拠調べに関する同法23条の2及び24条の規定を、訴訟費用の裁判についてその効力に関する同法35条の規定をそれぞれ準用するものと定めています。

(3) 請求の趣旨

請求の趣旨は、裁判所の審判の対象であり、本案前の判断ではこれを前提として訴訟要件の充足性の検討がされ、本案の判断ではこれを対象として請求の当否の審理がされ、認容判決の場合にはその内容が関係行政庁を拘束することになりますので、十分に慎重に精査する必要があります。請求の趣旨の審査が不十分なまま訴訟進行をしてしまうと後の段階で審理に行き詰まることも想定されますので、訴状審査の段階での検討が重要となります。

ア 補正の要否・程度

訴状に記載された請求の趣旨につき、記載の内容が不明確であるなど、そのままでは不適法であるが、補正すれば適法な訴えになり得る場合には、前記2(2)のように事務連絡で補正を促すことが必要となり、適法化の方向での教示と任意の促しに応じない場合には補正命令の発令に至ることもありますが、形式面の軽微な補正事項については、書記官からの連絡で訂正を促す場合や、第1回口頭弁論期日において口頭で確認して調書に記載する場合（外国人事件の処分の日付の乙号証に合わせた訂正等）もあり、個々の事案や当事者ごとに適切な対応を臨機応変に検討することになります。

イ 原処分と裁決（行訴法10条2項）

訴訟要件の問題ではありませんが、請求の趣旨の立て方によっては請求の原因が主張自体失当となるという観点から実務上よく問題となるため、ここで説明しておきます。

実務上、原処分を不服とする審査請求を棄却した裁決を受けた原告が、裁

決の取消請求の訴状に専ら原処分の違法事由を記載している例がよく見られますが（本人訴訟のみならず、代理人の就いた事件でも一定数見られるのが実情です。）、行訴法10条2項により、裁決の取消請求では、取消しの理由として、原処分の違法は主張できないものとされ、裁決固有の瑕疵（審査手続の違法等）しか主張できないものとされているため、原処分の違法を主張するためには原処分の取消請求に訴状を訂正することが必要となり、事務連絡等によりその旨を教示して請求の趣旨の訂正を促すのが通例です（巻末の参考資料2「事務連絡の書式例」（後掲143頁以下）参照）。大半の場合には、（本人訴訟の場合には事務連絡による）教示に従って請求の趣旨の訂正に応じるのが通例ですが、訂正に応じない場合には、訴訟要件を欠くわけではないので、裁決固有の瑕疵の主張を促した上で、第1回口頭弁論期日の指定に進むことになります。

　ウ　事件類型ごとの留意事項
　(ア)　各種訴訟の参考例

請求の趣旨の記載については、事件類型ごとに注意を要する事項があり、その具体例については、巻末の参考資料3「行政事件訴訟における請求の趣旨の文例」（後掲147頁以下）を御参照ください。

以下、主な留意事項について御紹介します。

　(イ)　租税訴訟の留意事項の例

租税訴訟の請求の趣旨については、課税処分につき、①審査請求[8]に対する裁決により一部が取り消されていることが少なくなく、また、②申告額を超える部分についてのみ取消しを求める訴えの利益があるとされているため、以下のような限定が必要な事案についてその限定が明記されているか否かの確認が必須です。

　8　平成26年法律第68号による行服法の改正前は異議申立て又は審査請求（前出の脚注7〔27頁〕参照）。

① 「～更正処分（令和〇年〇月〇日付け審査裁決により一部取り消された後のもの）」

② 「～更正処分のうち所得金額〇〇〇万〇〇〇〇円、納付すべき税額〇〇万〇〇〇〇円を超える部分」

(ウ) 住民訴訟の留意事項の例

住民訴訟の請求の趣旨については、住民訴訟に特有の他に例のない請求内容となる関係で、訴状において必ずしも適切に記載されていないケースが少なくなく（4号請求については、平成14年の地方自治法の改正により従前の直接請求の形から現行の義務付け請求の形に改められており、その内容が正しく記載されていない例が見られ、3号請求については、怠る事実の内容や対象が適切に記載されていない例が見られます。）、訴状審査の段階で、以下のような記載例を示すなど適宜の教示をした上で、適切な形の請求の趣旨への補正を促しておくことが肝要です。

　　a　4号請求（損害賠償請求又は不当利得返還請求の義務付け請求）の構文等

「被告は、△△△△（注・当該職員又は当該行為若しくは怠る事実に係る相手方）に対し、〇〇〇万円及びこれに対する令和〇年〇月〇日から支払済みまで年3％の割合による金員を□□市に支払うよう請求せよ。」

　　b　3号請求（怠る事実の違法確認請求）の構文等

「被告が△△△△（注・当該請求権の債務者）に対し〇〇〇万円を□□市に支払うよう請求をすることを怠る事実が違法であることを確認する。」

(エ) 義務付け訴訟の留意事項の例

義務付け訴訟の請求の趣旨についても、義務付け訴訟に特有の他に例のない請求内容となる関係で、訴状において必ずしも適切に記載されていないケースが少なくなく、訴状審査の段階で、以下のような記載例を示すなど適宜の教示をした上で、適切な形の請求の趣旨への補正を促しておくことが肝要です。

※ 義務付け請求の構文等

「○○大臣（注・処分行政庁）は、原告に対し、別紙「請求文書目録」記載の行政文書を開示する決定をせよ。」

エ　事務連絡の活用

請求の趣旨の記載を適切な形に補正させるに当たっては、いきなり裁判官名の補正命令を発すると原告側の反発を招くおそれがありますので、書記官名の事務連絡により、懇切な説明を付しながら、適法かつ適切な請求の趣旨の記載を教示し、チェック方式の回答書による回答を促すなどして、できるだけ適法かつ適切な請求の趣旨への補正を選択する方向に教示し、なおこれに応じない場合には回答書にその理由の記載欄を設けてその理由の説明を受けた上で対応を検討する、といった実務上の工夫が行われており（前記2(2)参照）、できるだけ当事者が裁判で求める内容を行訴法の枠組みに乗る形に整える方向で調整していくことが望ましいと考えられます。

第5　合議等の準備と審理・判決

1　合議等の準備

(1)　合議メモの活用

ア　合議メモの意義

行政事件の場合、全件が合議事件であり、事実認定よりも法律論が中心の論点となる事件が多く、当該論点に関する法的判断が他の同種事件に波及する割合も多いことなどから、主任裁判官の作成する合議メモを合議体の全員がよく読み込んだ上で、手続の進行のみならず法律問題等について精度の高い充実した合議を行うことが特に重要となります。

合議メモは、主任裁判官の調査結果を裁判長・相陪席[9]と共有し、それを

9　実務上の呼称に従い、裁判長以外の陪席裁判官を「陪席」、当該事件の主任裁判官以外の陪席裁判官を「相陪席」としています。

出発点として更に議論を深める充実した合議を行う上で有用なツールとなるため、行政事件では、主任裁判官が相応に詳しい合議メモを作成し（記載事項は後記イ参照）、裁判長に法令・裁判例等を含む判断に必要な情報の調査結果を最大限提供するとともに、相陪席にも合議メモを読んで合議に臨めば意見を述べやすいような情報を提供した上で、法律論等の実質を十分に合議することが有用です。

合議メモには、主任裁判官によるその時点における事件の見通しや暫定的な心証とともに、当該期日の進行や釈明事項に関する原案が提示されますが、それらについての合議を経て、当該期日の進行や釈明事項について一定の修正が加えられることも少なくなく、合議後に主任裁判官が合議の結果を反映した修正版を作成して再配布し、担当書記官とも共有することもよく行われているところです。

イ 合議メモの記載事項

合議メモの記載事項は、各部において種々の工夫がされているものと思われますが、(ア)例えば、最も詳しい形としては、①冒頭に係名・主任裁判官名、期日（年月日と時刻及び第○回弁論等の種別）、事件番号・事件名と当事者名（代表者名を含む。）・代理人名を記載した上、②当該期日の「手続」（主張関係〔準備書面の陳述等〕、証拠関係〔書証の提出や人証の申請等〕）、今後の「進行」（次回の予定、裁判所の釈明事項等）を記載し、③事件の見通しや心証に関する「検討」（双方の主張の概要、各論点の見通し・心証等）を記載し、④訴状審査メモや第１回期日メモに記載した「事案の概要」、「請求の趣旨」、「時系列」、「争点」、「関係法令」、「参考判例」等も（必要に応じて改訂して）援用しておく、というような形も考えられますし、(イ)期日の進行状況に応じて、上記(ア)④の記載は省略する、という形も考えられます。

(2) 合議の充実

ア 合議体による期日前の合議・随時合議

行政事件の合議は、当該期日の前々日又は前日に、事前に主任裁判官の配

布した合議メモを裁判長・相陪席が読んだ上で行うのが通例で、合議メモの内容等について裁判長から指摘や追加検討の依頼等がされ、主任裁判官がこれに応答する中で、メモの内容の発展・修正やメモに記載のない事項の新たな議論が展開され、相陪席は、随時、第三者的な立場から質問、疑問点の確認や意見を述べ、時にはあえて主任裁判官の見解との反対説に立った場合の議論を提示するなどして、議論を深めるとともに反対説の批判に堪え得る論理の補強等に貢献することが少なくないように思われます。

また、期日の1週間前又は数日前に重要な論点に関する記載のある準備書面が提出されてその写しが合議体の全員に配布された時点で、取り急ぎ随時の合議を行い、期日までの対応や検討の方向性等について議論することも少なくないように思われます。

イ　判決作成段階の書面合議（後記3(2)参照）

行政事件においては、判決の理由付けが同種事件に影響を及ぼすことが多いため、判決作成の過程を含めて理由付けの理論構成等の詰めについて随時の合議を行うことが少なくなく、その場合、例えば、後記3(2)のように、起案の脚注への書き込みの往復や別紙のメモの交換等により一定の範囲の事項は書面合議で行い、口頭で議論すべき事項を絞り込んだ上で口頭の合議を行うなど、各部の実情や流儀に合わせて種々の工夫が行われています。

なお、後記(3)及び後記3(1)、(2)等の取組の工夫例は、飽くまでも一つの参考例として御紹介する趣旨のものであり、同様の目的に資する取組には様々な手法が考えられ、各部の実情や流儀に即した手法が採られているものと思われます。

(3)　判決を当初から視野に入れた審理・作業の工夫（後記3(1)参照）

東京地裁の当時の在籍部では、全件について（進行中の引継事件は手元の負担との兼ね合いで無理のない可能な範囲で）、各陪席の方で、第1回期日から合議メモの別紙として判決に使える主張整理案を作り始め、毎回の期日ごとに当事者の書面を基にそれを書き足し（証拠調べ前にほぼ仕上げ）、適

宜の段階から徐々に理由骨子案も作り始め（審理の進展に応じた変更の可能性を前提としつつ、各時点の暫定的な心証に基づく段階的な作成と加筆を続け、弁論終結前に一応の理由骨子案を作成し）、早期に主張整理の全体を俯瞰するとともに判決理由の構成や根拠等も検討し、これらに基づいて早い段階から審理の見通しや判決の構想等について詰めた合議を行うことにより、弁論終結後に主張・証拠の漏れや新たな論点等に気付くことのないよう、的確な釈明事項の検討や弁論終結に向けた効率的な審理に努めるとともに、弁論終結後の判決作成の作業を安定的なものにして判決の精度・質を高めるという先行起案の取組（後記3(1)参照）を行っており（各陪席の方でも、この作業を行っておくと、早期に論点の整理ができて事件の見通しがつき、毎回の期日ごとの作業が判決原案の作成に直結し、弁論終結後に検討漏れに気付くリスクの回避にも資するなど、非常に効率的であるとして、各自の手元の関係で可能な範囲でこの作業に取り組んでいました。）、その後も事案の内容等に応じて相当数の事件についてこれと同様の取組が行われています。また、東京地裁の他の行政部でも、個々の陪席が自主的に又は裁判長の依頼を受けて特定又は一定数の事件について同様の作業を行っている例もあるようです。行政事件の場合、相当の割合で和解や取下げにより終局する通常民事事件と異なり、判決で終局する確率が極めて高いため、訴状の受理の段階からこの作業を進めておくことが非常に有用かつ効率的であるように思われます。

　ア　第1回以降の各期日ごとの主張整理案の作成（合議メモとのリンク）

　第1回期日以降、毎回の各期日ごとの合議メモに主張整理案を別紙として添付し、主張整理案も見ながら釈明事項や心証及び今後の進行について議論することで、早期に論点の整理もできて合議の精度も格段に高まることを実感しているところです。

　イ　一定の時期以降の理由骨子案の作成（合議メモとのリンク）

　また、数回の期日を経て相応の心証が形成される段階から、主張整理案に

加え、理由骨子案も（一部の論点の抄のみでもよいので）合議メモに別紙として添付し、主張整理案と理由骨子案も見ながら判決の理論構成や理由付けについて議論し、判決作成に必要な主張・証拠の補充の要否や釈明事項等について議論することにより、早期に事件の見通しがつき、弁論終結後に検討漏れに気付くリスクの回避にも資することを実感しているところです。

　ウ　先行起案による弁論終結時における作業の到達度

　これらの先行起案の作業を毎回の期日ごとに重ねる結果、弁論終結前の時点で、主張整理案と理由骨子案がほぼ仕上がり、事案によっては理由説示を含めて判決素案が相当程度できている状態まで仕上がることもあり、それらを基に弁論終結の可否・当否や主張・証拠の補充の要否、判決の理論構成や理由付け等について詰めの検討と議論を行うことにより、確信をもって弁論終結に至ることができ、弁論終結後は主に判決起案の説示のディテールや表現等を精錬する作業に集中することができるため、これらの作業は判決の質と精度を高めるのに大変有用な手法として役立つことを実感しているところです。

　2　審理上の留意点
　(1)　審理の構造と理論上の問題

　以下では、行政事件に特有の審理の構造と理論上の問題について、主要な論点を概観することとします。

　ア　取消訴訟等の訴訟物

　取消訴訟の訴訟物は、処分の違法一般である（個々の違法事由（瑕疵）を単位とするものではない）とされており（最二小判昭和49.7.19民集28巻5号897頁参照）、これは、処分の公定力の排除のために取消訴訟の排他的管轄が認められることを踏まえ、処分の違法事由の存否（当該処分につき何らかの違法事由（瑕疵）が存するか否か）が取消訴訟における審判の対象であることを意味するものと解されます。

　これを踏まえると、無効確認訴訟の訴訟物は、処分の重大かつ明白な違法

一般である（個々の違法事由（瑕疵）を単位とするものではない）と解され、これは、重大かつ明白な違法が処分の無効事由となることを踏まえ、処分の重大かつ明白な違法事由（瑕疵）の存否（当該処分につき何らかの重大かつ明白な違法事由（瑕疵）が存するか否か）が無効確認訴訟における審判の対象であることを意味するものと解されます。

　イ　処分の違法性の判断基準時

　(ア)　処分時

　取消訴訟における処分の違法性の判断基準時は、処分時であるとされており（最二小判昭和28.10.30集民10号331頁、最二小判昭和34.7.15民集13巻7号1062頁等）、これは、無効確認訴訟（処分の重大かつ明白な違法性の判断基準時）についても同様であると解されます。

　(イ)　処分後の事情の位置付けの整理

　このように、取消訴訟及び無効確認訴訟における処分の違法性の判断基準時は処分時であるため、処分後の事情は、処分の適法性を左右するものではなく、処分の違法事由を基礎付ける事情として考慮され得るものでもなく、専ら処分時以前の事情を推認する間接事実としてのみ考慮され得るにとどまることに留意する必要があります。

　もっとも、処分の撤回の義務付けを求める訴えとの関係では、処分後の事情も、処分の撤回がされないことにより重大な損害を生ずるおそれの有無（訴訟要件）及び処分の撤回がされないことが行政庁の裁量権の範囲の逸脱又はその濫用に当たるか否か（本案要件）の双方の判断において考慮の対象となり得ます（実務上は、外国人事件における異議の申出は理由がない旨の裁決の撤回の義務付けを求める訴えがその実例として散見されます。）。

　ウ　取消訴訟等における主張立証責任

　(ア)　主張立証責任の分配

　取消訴訟における主張立証責任の分配については、①民事訴訟の要件事実と同様に、処分の根拠法規の条項を権利根拠規定、権利障害規定、権利阻止

規定及び権利消滅規定のいずれかに分類し、それぞれについて当該条項が自らに有利に働く方の当事者が主張立証責任を負うとする「法律要件分類説」、②個々の事案ごとに、当事者間の公平、事案の性質、立証の難易等に応じていずれの当事者がどの事項について主張立証責任を負うかを個別具体的に判断するとする「個別具体説」、③侵害処分（国民の権利を制限し又は国民に義務を課す処分）の取消しを求める訴訟においては行政庁がその適法性を基礎付ける事実について主張立証責任を負い、授益処分の拒否処分（国民に権利利益を付与する処分の申請を拒否する処分）の取消しを求める訴訟においては原告がその申請の根拠法規に適合する事実について主張立証責任を負うとする「侵害処分・授益処分説」があるとされていますが、④実務上は、取消訴訟の対象が侵害処分か授益処分の拒否処分かという上記③の区分を基本としつつ、個々の事案における根拠法規の構造や事柄の性質等に応じて上記①や②の視点も採り入れて、これらの諸要素を総合考慮した上で主張立証責任の分配を決していくというアプローチ（「総合考慮説」と称すべき手法）が採られているように見受けられます（実務的研究172頁参照。なお、無効確認訴訟については、後記(イ)b(e)参照）。

(イ) 主張立証責任の帰属

以下、上記のような観点から、個々の事項について主張立証責任の帰属を概観します。

　a　訴訟要件

(a) 訴訟要件のうち、管轄等のように職権探知事項であり、又は処分性のように法律問題であって、存否の確定を要する事項については、そもそも主張立証責任の帰属（存否不明の概念）を観念し得る事柄ではなく、管轄等の有無や処分性の有無を裁判所が必ず確定する必要があります。

(b) 訴訟要件のうち、処分の存在、原告適格又は訴えの利益を基礎付ける事実等の職権調査事項については、事柄の性質上、原告が主張立証責任を負うものと解されます。

b 実体要件

(a) 侵害処分については、原則として、行政庁がその適法性を基礎付ける事実について主張立証責任を負いますが、個別法規の定め方等による例外として、例えば、租税法規における例外的な損金算入や非課税の要件等について個別法規の定め方等に応じて例外的に（いわば抗弁に準じて）納税者の側で当該要件等の該当事実の主張立証責任を負うと解される場合もあり得ると思われます。

(b) 授益処分の拒否処分については、原則として、原告がその申請の根拠法規に適合する事実について主張立証責任を負いますが、個別法規の定め方等による例外として、実質的には既に原告に付与された権利利益に対する侵害処分と同視し得るような場合には、例外的に行政庁の側で当該処分の適法性を基礎付ける事実について主張立証責任を負うと解される場合もあり得ると思われます。

(c) 裁量処分については、原告の側で、その違法事由である裁量権の範囲の逸脱又はその濫用に係る主張立証責任を負いますが、原告の方でその逸脱又は濫用を推認させる一定の事実を主張立証した場合には、事実上の推定による立証負担の転換により、行政庁の側でその推認を覆す事実の立証をすべき負担を負うことになるものと考えられます。

(d) 裁決（行訴法3条3項）については、実務上、裁決手続等におけるどのような点を裁決固有の瑕疵として取り上げるのかを原告の側で主張した上で、裁決行政庁の側で、それらの点について裁決手続等の適法性を基礎付ける事実につき立証し、原告の側でこれに対する反証をする、というような運用が一般的ではないかと思われるところです。

(e) 無効確認訴訟においては、処分の重大かつ明白な瑕疵を理由に取消訴訟の排他的管轄（処分の公定力）の例外を認めることになりますので、一律に、原告の側で、処分の重大かつ明白な瑕疵に係る主張立証責任を負うことになるものと解されます。

c 各論

以下、主張立証責任の帰属が実務上問題となる主な各論の事項について、判例・裁判例を概観します。

(a) 公文書不開示決定の取消訴訟における主張立証責任について、最二小判平成26.7.14集民247号63頁は、①開示請求の対象とされた行政文書を行政機関が保有していないことを理由とする不開示決定の取消訴訟においては、その取消しを求める者が、当該不開示決定時に当該行政機関が当該行政文書を保有していたことについて主張立証責任を負うと判示した上で、②ある時点において当該行政機関の職員が当該行政文書を作成し、又は取得したことが立証された場合において、不開示決定時においても当該行政機関が当該行政文書を保有していたことを直接立証することができないときに、これを推認することができるか否かについては、当該行政文書の内容や性質、その作成又は取得の経緯や上記決定時までの期間、その保管の体制や状況等に応じて、その可否を個別具体的に検討すべきものであると判示しています。上記①は主張立証責任の帰属について、上記②は事実上の推定の可否に係る考慮事情について説示したものといえると解されます。

(b) 市町村長の固定資産の登録価格の決定に係る審査の申出を棄却する旨の固定資産評価審査委員会の決定の取消訴訟における主張立証責任について、最二小判平成25.7.12民集67巻6号1255頁は、固定資産税の課税対象となる土地の基準年度に係る賦課期日における登録価格の決定が違法となるのは、当該登録価格が、①当該土地に適用される評価基準の定める評価方法に従って決定される価格を上回るときであるか、あるいは、②これを上回るものではないが、その評価方法が適正な時価を算定する方法として一般的な合理性を有するものではなく、又はその評価方法によっては適正な時価を適切に算定することのできない特別の事情が存する場合（登録価格が適正な時価を上回るものではない旨の推認が及ばず、又はその推認が覆される場合）であって、同期日における当該土地の客観的な交換価値としての適正な時価を

上回るときであるということができると判示しています。実務上多く見られるこの種の訴訟においては、この判例に従い、①まず、被告の側で、登録価格が評価基準の定める評価方法に従って決定される価格を上回るものでないことを主張立証し、②これが立証された場合に、原告の側で、評価基準の定める評価方法について一般的な合理性の存在を争い、又は上記「特別の事情」の存在を主張立証すべきである（単に当該土地の評価に関する独自の鑑定意見書等を提出するだけでは上記の推認を覆し得るものではない）という訴訟構造を基本として、双方の主張・立証の差配と整理をしていくことが肝要であると思われるところです（なお、千葉勝美裁判官の補足意見において指摘されているように、評価基準の定める評価方法の一部について上記「特別の事情」の存在が認められるときは、実務上、当該部分を除く残余の評価方法を前提とした上で当該部分に所要の補正を加えることにより適正な時価を認定するのが相当な場合が多いものと考えられます。）。

(c) 難民不認定処分の取消訴訟における主張立証責任について、下級審の裁判例では一般に、我が国の法制上、入管法61条の2第1項の文理のほか、難民認定処分が授益処分であること等に鑑み、難民該当性に関する主張立証責任は原告側にあり、難民該当性を基礎付ける事実の立証の程度は通常の場合と同様である（証拠に基づいて事実についての主張を真実と認めるべきことの証明を要し（民訴法247条、180条1項等）、その立証の程度を通常の場合と比較して緩和すべき理由はない）と解されています[10]。

エ 裁量権の範囲の逸脱又はその濫用の有無に関する司法審査の在り方

---

10 なお、難民に該当することを理由とする難民不認定処分の取消判決が確定している外国人について再度の難民不認定処分がされた場合につき、東京高判平成30.12.5判タ1472号54頁は、難民の認定に関する条約1条C（終止条項）(5)の要件（難民であると認められる根拠となった事項が消滅したため、国籍国の保護を受けることを拒むことができなくなった場合）に該当することを行政庁の側が主張立証することを要する旨を判示しています。

裁量処分の適法性に関し、裁量権の範囲の逸脱又はその濫用の有無については、取消訴訟・無効確認訴訟の違法事由又は義務付け訴訟・差止訴訟の本案要件として、行政事件訴訟の中心的な争点となることが多く、個々の裁量処分の性質に応じて、司法審査の在り方（司法の行政裁量に対する統制〔裁量統制〕の在り方）が論じられることとなります。

(ア)　授益処分の拒否処分に係る審査

授益処分に関しては、一般に、侵害処分と比較して相対的に行政庁の裁量の範囲は広いものと解される傾向にあり、①授益処分の拒否処分について裁量権の範囲の逸脱又はその濫用があると認められるのは、そのような裁量の範囲の相対的な広さを前提とした上で、行政庁の裁量判断が事実の基礎を欠き、又は社会通念上著しく妥当性を欠くと認められる場合[11]とされるのが通例であると考えられますが、②事柄の性質（専門的ないし政策的な判断を要する事柄等）に即して行政庁に特に広範な裁量が認められる授益処分の拒否処分について、裁量権の範囲の逸脱又はその濫用があると認められるのは、行政庁の裁量判断が全く事実の基礎を欠き、又は社会通念上著しく妥当性を欠くことが明らかである場合に限られることとなり、判例上、外国人の在留期間更新不許可処分がこの場合に当たるとされており（最大判昭和53.10.4民集32巻7号1223頁〔マクリーン事件〕）、下級審の裁判例では、不法滞在の外国人に在留特別許可を付与しないでされた異議の申出は理由がない旨の裁決（前出の脚注3〔5頁〕参照）も、この判例の基準に従って適否の判断が

---

[11] 授益処分の目的を踏まえた裁量権の行使における諸事情の考慮の在り方の観点から、授益処分の拒否処分につき、その裁量判断が社会通念上著しく妥当性を欠くと認められ、裁量権の範囲を逸脱し又はこれを濫用したものとして違法であるとした判例として、最二小判令5.11.17民集77巻8号2070頁は、芸術振興を目的とする助成金の不交付処分につき、申請者の表現行為の内容に萎縮的な影響が及ぶ可能性等を踏まえ、重視すべきでない事情を重視した結果、社会通念に照らし著しく妥当性を欠いたと判示しています。

されています。他方、③授益処分の拒否処分においても、実質的には既に原告に付与された権利利益に対する侵害処分と同視し得るような事案等では、後記(イ)の侵害処分の場合と同様に行政庁の裁量の範囲を限定的に解すべき場合も想定されます。

(イ) 侵害処分に係る審査

侵害処分に関しては、一般に授益処分と比べて行政庁の裁量の範囲は限定的に解される傾向にあり、そのような裁量の範囲のき束的な解釈を前提とした上で、行政庁の裁量判断が事実の基礎を欠き、又は社会通念上著しく妥当性を欠くと認められる場合に、裁量権の範囲の逸脱又はその濫用があるとされるのが通例であると考えられます。

そして、特に被処分者に重大な不利益を与える懲戒処分については、当該処分の選択が重きに失するものとして社会観念上著しく妥当性を欠くと認められる場合には、裁量権の範囲を超え又はこれを濫用したものとして、当該処分は違法とされ(最三小判昭和52.12.20民集31巻7号1101頁〔神戸税関事件〕、最一小判平成2.1.18民集44巻1号1頁〔伝習館事件〕等参照)、免職、停職、減給等の不利益性の大きい懲戒処分については、上記の判断枠組みに従って、非違行為の内容・性質や不利益の程度との権衡等の観点から個々の事案の諸般の事情を総合的に勘案した上で個別具体的に裁量権の範囲の逸脱又はその濫用の有無が判断されています(最近の最高裁判例のうち、(a)違法とされた事例として、最一小判平成24.1.16集民239号1頁、最一小判同日集民同号253頁〔停職・減給:教職員国旗国歌訴訟〕、(b)適法とされた事例として、最三小判平成30.11.6集民260号123頁〔停職:勤務時間中のわいせつ行為等〕、最一小判令和2.7.6集民264号1頁〔停職:いじめの被害生徒に対する教諭の虚偽説明の指示〕、最三小判令和4.6.14集民268号23頁〔停職:上司・部下への暴行等による停職期間中の同僚及び被害者の部下に対する働き掛け〕、最三小判令和4.9.13集民269号21頁〔免職:多数の部下への多数回にわたる暴行・暴言、極めて卑わいな言動、プライバシー侵害等〕参

照[12]）。

　㋒　判断過程の瑕疵の有無に係る審査

　専門技術的な事項等に係る判断を要する裁量処分の適法性の審査において、近年の判例は、判断過程の瑕疵の有無を審査の対象としています。すなわち、最一小判平成4.10.29民集46巻7号1174頁（伊方原発訴訟）は、原子炉施設の安全性に関する判断の適否が争われる原子炉設置許可処分の取消訴訟における裁判所の審理、判断は、原子力委員会又は原子炉安全専門審査会の専門技術的な調査審議及び判断を基にしてされた被告行政庁の判断に不合理な点があるか否かという観点から行われるべきであって、現在の科学技術水準に照らし、その調査審議において用いられた具体的審査基準に不合理な点があり、あるいは当該原子炉施設がその具体的審査基準に適合するとした原子力委員会又は原子炉安全専門審査会の調査審議及び判断の過程に看過し難い過誤、欠落があり、被告行政庁の判断がこれに依拠してされたと認められる場合には、被告行政庁の当該判断に不合理な点があるものとして、当該判断に基づく原子炉設置許可処分は違法と解すべきである旨を判示しています。そして、最三小判平成24.2.28民集66巻3号1240頁（生活保護老齢加算廃止訴訟）は、老齢加算の廃止を内容とする保護基準の改定について、専門技術的な考察に基づく政策的判断としての性質等に鑑み、当該改定の時点において70歳以上の高齢者には老齢加算に見合う特別な需要が認められず、高齢者に係る当該改定後の生活扶助基準の内容が高齢者の健康で文化的な生活水準を維持するに足りるものであるとした厚生労働大臣の判断に、最低限度の生活の具体化に係る判断の過程及び手続における過誤、欠落の有無等の観

12　なお、懲戒処分に伴う退職手当全部不支給処分につき、裁量権の範囲を逸脱し又はこれを濫用したものとはいえないとして適法とされた事例として、最三小判令和5.6.27民集77巻5号1049頁（免職：教員の酒気帯び運転）、最一小判令和6.6.27裁判所ウェブサイト（免職：市職員の飲酒運転等）参照。

点からみて裁量権の範囲の逸脱又はその濫用があると認められる場合等に、当該改定が違法となる旨を判示しています。また、最三小判平成18.2.7民集60巻2号401頁（教育施設の目的外使用不許可処分に係る国家賠償請求訴訟）は、公立学校の学校施設の目的外使用を許可するか否かは原則として管理者の裁量に委ねられており、学校教育上の支障がない場合であっても、行政財産である学校施設の目的及び用途と当該使用の目的、態様等との関係に配慮した合理的な裁量判断により許可をしないこともできるところ、上記の目的外使用を許可するか否かの管理者の判断の適否に関する司法審査においては、その判断が裁量権の行使としてされたことを前提とした上で、その判断要素の選択や判断過程に合理性を欠くところがないかを検討し、その判断が、重要な事実の基礎を欠くか、又は社会通念に照らし著しく妥当性を欠くものと認められる場合に、裁量権の範囲の逸脱又はその濫用として違法となるとすべきものである旨を判示しています。

　どのような種類の裁量処分について上記のような判断過程の瑕疵の有無に係る審査を要するかについては、これらの判例の射程を参酌しつつ、個々の裁量処分の性質や当該事案の内容等に即して個別具体的に検討していくことが必要になるものと思われます（なお、前掲最一小判平成4.10.29〔伊方原発訴訟〕の判例解説では、在留更新許可処分につき認められる「政治的、政策的裁量」と原子炉設置許可処分における行政庁の「専門技術的裁量」との性質の差異が指摘されており（最高裁判所判例解説民事篇平成4年度版〔19〕412～415頁の「㈡　要件裁量と判例」参照）、この判例の判示からも、専門技術的な裁量処分の特質に則した分析と考察が看取されるところです。）。

　オ　手続上の違法事由（理由提示の不備等）

　処分の違法事由として、実体的な要件の欠如のほか、手続上の瑕疵が主張される事例が一定数見受けられますが、最近の実務では、理由提示の不備が手続上の違法事由として主張される事例が増えてきているように思われます。

従来の判例でも、個別法の規定に基づく理由付記の不備の有無は問題とされてきましたが、行政手続法の制定後、同法14条（不利益処分）及び8条（許認可等拒否処分）に基づく理由提示の不備が処分の手続上の違法事由として主張される事例が相当数見られるようになり、各地方公共団体の行政手続条例にもこれらと同様の規定が設けられているため、地方公共団体の機関による処分についても同様の傾向が見られます。

　行政手続法の制定前における個別法に基づく理由付記の不備の有無が問題となった事例につき、判例は、付記すべき理由の内容及び程度は、特段の理由のない限り、いかなる事実関係に基づきいかなる法規を適用して処分がされたのかを、処分の相手方においてその記載自体から了知し得るものでなければならず、単に処分の根拠規定の該当条項を示すだけでは、それによって当該規定の適用の原因となった具体的な事実関係をも当然に知り得るような例外の場合を除いては、法の要求する理由の付記として十分ではなく、そのような理由付記の不備がある場合には、処分は当然に違法となり、取消しを免れない旨の厳格な判断を示してきました（最一小判昭和49.4.25民集28巻3号405頁、最一小判平成4.12.10集民166号773頁参照）。

　行政手続法の制定後に同法14条に基づく理由提示の不備が問題となった事例において、最三小判平成23.6.7民集65巻4号2081頁は、同法2条8号ハ所定の処分基準が定められており、かつ、処分の選択・量定に係る処分基準の内容及び適用関係がかなり複雑なものである場合について、「本件免許取消処分はX1の一級建築士としての資格を直接にはく奪する重大な不利益処分であるところ、その処分の理由として、X1が、…建築物の設計者として、建築基準法令に定める構造基準に適合しない設計を行い、それにより耐震性等の不足する構造上危険な建築物を現出させ、又は構造計算書に偽装が見られる不適切な設計を行ったという処分の原因となる事実と、建築士法10条1項2号及び3号という処分の根拠法条とが示されているのみで、本件処分基準の適用関係が全く示されておらず、その複雑な基準の下では、X1におい

て、上記事実及び根拠法条の提示によって処分要件の該当性に係る理由は相応に知り得るとしても、いかなる理由に基づいてどのような処分基準の適用によって免許取消処分が選択されたのかを知ることはできない」から、当該処分は行政手続法14条1項本文の定める理由提示の要件を欠いた違法なものとして取消しを免れないと判示して、従来の厳格な判例の流れに沿った判断を示しており（この判旨は、行政手続法8条に基づく理由提示と同法2条8号ロ所定の審査基準との関係についても妥当するものと解されます。）、最近はこの判例を引用して理由提示の不備を論ずる主張がしばしば見受けられます。もっとも、この判例は、上記のとおり、行政手続法2条8号ハ所定の処分基準が定められており、かつ、処分の選択・量定に係る処分基準の内容及び適用関係がかなり複雑なものである場合を射程とするものであり、同号ハ所定の定義に該当する処分基準が定められていない場合や、それが定められていても処分基準の内容及び適用関係が簡明で容易に理解し得るものである場合には、この判例の射程は及ばないものと考えられ、この点は留意する必要があるように思われます（このことは、行政手続法8条に基づく理由提示と同法2条8号ロ所定の審査基準との関係についても同様に妥当するものと考えられます。）。

カ　違法性の承継（後行処分の取消訴訟における先行処分の違法の主張の可否）

先行処分の違法は、処分の公定力・不可争力により、後行処分には承継されず、後行処分の取消訴訟においてこれを主張することはできないのが原則ですが、どのような場合に例外的に後行処分に承継されるのかが問題となり、学説上、違法性の承継の問題として議論されてきたところです。

従来の学説では、相連続して行われる行為が一つの目的の実現に向けられた行為であるか否かを基準とし、①先行行為と後行行為が相結合して一つの効果の実現を目指し、これを完成するものである場合には、原則として積極に解し、②先行行為と後行行為とが相互に関連するとはいえ、それぞれ別個

の効果を目的とするものである場合は、消極に解するという見解（田中二郎・新版行政法上巻〔全訂第2版〕（弘文堂）146～147頁、327～328頁等）が通説とされており、上記①の「先行行為と後行行為が相結合して一つの効果の実現を目指し、これを完成するもの」という基準は、「田中基準」と称されてきました。

前掲最大判平成20.9.10（浜松市土地区画整理事業計画決定取消訴訟）の近藤崇晴裁判官の補足意見でも、「先行行為が公定力を有する行政処分であるときは、その公定力が排除されない限り、原則として、先行行為の違法性は後行行為に承継されず、これが許されないと解されている（例外的に違法性の承継が認められるのは、先行の行政処分と後行の行政処分が連続した一連の手続を構成し一定の法律効果の発生を目指しているような場合である。）。」とされ、田中基準に沿った通説的な見解が示されていました。

最近の学説では、必ずしも田中基準に依拠することなく、先行行為と後行行為との間の実体的な牽連関係の程度と先行行為の適法性を争う機会の手続的保障の程度との相関的な総合考慮によって違法性の承継の有無を論ずる見解が多く提唱されるようになり、そうした中で、建築確認の取消訴訟において安全認定の違法を主張することの可否につき、最一小判平成21.12.17民集63巻10号2631頁は、①建築確認と安全認定は、もともとは一体的に行われ、同一の目的を達成するために行われるものであり、安全認定は建築確認と結合して初めてその効果を発揮するものである、②安全認定があっても、これを申請者以外の者に通知することは予定されておらず、建築確認があるまでは工事が行われることもないから、安全認定について、その適否を争うための手続的保障がこれを争おうとする者に十分に与えられているというのは困難であり、仮に周辺住民等が安全認定の存在を知ったとしても、その者において、建築確認があった段階で初めて不利益が現実化すると考えて、その段階までは争訟の提起という手段は執らないという判断をすることがあながち不合理であるともいえないとして、建築確認の取消訴訟において安全認定の

違法を主張し得る旨の判断を示しています。

　この判例は、安全認定と建築確認との関係が実体的に田中基準を満たしていることを前提とした上で、先行行為と後行行為に係る実体法上の不可分一体の関連性の程度に加え、先行処分に係る手続的保障の程度、法的安定性の要請の程度等を総合考慮した判断を示したものと解され、田中基準の枠組みは維持しつつ、近年の学説の流れを踏まえて手続的保障の程度等との総合考慮的なアプローチの観点も併せて勘案したものと位置付けることができるものと解されるところです。

　(2)　釈明の在り方

　ア　判決と審理を見据えた釈明事項の検討

　行政事件訴訟では、実務上、判決の作成に必要な事実・証拠や法的事項（法令解釈の前提となる事項）が当事者の主張立証からは必ずしも十分に出ていないことが少なくなく、裁判所の釈明によって、それらが適時に当事者から主張・提出されるように促し、効率的に審理を進めるとともに、十分に説得的な理由説示を作成するための材料を弁論に上程させることが必要となります。期日においてどの点をどのように釈明するかは、前記1(3)のとおり主張整理案等を見ながら事前の合議で議論を尽くし、合議メモ及びその修正版で釈明の事項と文言をきっちりと詰めておくことが有用となります。

　(ア)　被告側（行政庁側）への釈明に係る留意点

　判決に必要な事項の解明の必要性の観点からは、事実・証拠関係及び法的事項の両面において、被告側（行政庁側）への釈明が中心となりますが、どの点についてどこまでの釈明を行うかは、主張立証責任又は立証負担の帰属も踏まえた検討が必要となり、被告が主張立証責任を負う事項についてはかなり踏み込んだ釈明を行うことが少なくなく、また、被告が主張立証責任は負わないが原告の主張立証への反論・反証の内容が重要な意味を持つ事項についても、そのような事項の性質や主張立証責任・立証負担の帰属に配慮しながら適切な文言で釈明を行うことが必要となります。

平成16年改正で創設された釈明処分制度（行訴法23条の２）の存在によって、原告の求釈明を踏まえて裁判所からも被告側に任意の提出を促すことにより、当該処分又は裁決の理由を明らかにする資料（同条１項１号）について、被告側から任意の提出が得られるようになり、また、これに準ずる一定の範囲の資料についても、裁判所側から当該事案における訴訟資料としての必要性を説明すれば、一定の範囲で被告側から任意の提出が得やすくなったように見受けられます。

　(イ)　原告側への釈明に係る留意点

　原告側に対しては、事案に応じて、主張の整理等の観点から、主張の趣旨が不明確な点を確認し、法的構成に沿った整理を促す釈明を適時に行うこと等によって、争点の確認や整理を進めていくことが必要となります。

　また、事案によっては、被告の主張に対する認否が不明確な場合に、被告の書面の該当箇所を特定した上で原告の認否を確認することが、前提事実や争点を整理する上で重要な意味を持つケースも散見されます。

　イ　合議メモと調書の記載

　釈明事項については、合議メモの原案に合議結果を踏まえた修正を加えてきっちりと文言を詰め、それに基づいて期日で釈明を行い、調書にもそのメモに基づく記載を残しておくことが、裁判所の指示を正確に当事者に伝え、争点整理の過程を記録化する意味で有用と思われます（前記１(1)ア参照）。

　(3)　求釈明、釈明処分の申立て及び文書提出命令の申立てへの対応

　ア　求釈明への対応

　当事者の一方による相手方への求釈明に関しては、その内容等に応じて、①範囲を明示して相手方に回答を促し、あるいは、②相手方に回答の要否・可否を含めて検討を促し、これらの応答の結果を見た上で以後の訴訟進行の在り方を検討する、というのが一般的な対応であるように思われます。求釈明が繰り返される場合でも、これらの対応を適宜織り交ぜながら調整を繰り返す中で、おのずと収束していくことが多いように見受けられます。

イ　釈明処分（行訴法23条の2）の申立てへの対応

　行訴法23条の2に基づく釈明処分の申立てがされた場合、まずは被告側に任意の提出の検討を促し、一部の資料が提出された後に原告側から更なる提出を求められた場合でも、被告側に同様の検討を促すことによって、正式の釈明処分に至ることなく所要の資料の提出を了するのが通例であるように見受けられます（この場合、釈明処分の申立ては黙示に撤回されたことになるものと解されます。）。

　行訴法23条の2各項各号に該当する資料については、同条の規定の存在を前提に裁判所から任意の提出を促せば、被告側から任意に提出されるのが通例であるように見受けられます。他方、同条各項各号に該当する資料の範囲を超えるものを対象とする申立てについては、上記アの求釈明として取り扱い、上記アの調整を繰り返す中で徐々に収束に至っていくことが多いように見受けられます。

　ウ　文書提出命令の申立てへの対応

　文書提出命令の申立てがされた事案のうち、実務上、申立て時には採否を留保して審理を進めた上、審理の結果、必要性を欠くと判断されるものについては、弁論を終結する期日において、口頭で必要性がない旨の理由を告げて却下する例が見受けられます。このような場合、必要性を欠くとの理由による証拠調べの却下決定に対しては、独立した不服申立てをすることができないため、控訴理由の中でこれに対する不服が述べられることがありますので、その申立てをした当事者がその必要性を強く争っている場合等には、判決の中でなお書き又は括弧書き等の形でその必要性を欠くと認める理由を記載する例も見受けられます。

　(4)　請求の追加・変更の申立てへの対応

　ア　行訴法19条の追加的併合か民訴法143条の訴えの変更かの確認

　審理の途中で請求の追加がされる場合、書面を見る限り行訴法19条の追加的併合か民訴法143条の訴えの追加的変更かが明らかでないことがしばしば

ありますので、このような場合には、原告に対し、そのいずれであるかを確認し、法廷での回答を調書に記載したり、その点を明らかにする書面の提出を求めたりすることが必要となります。
　イ　行訴法19条の追加的併合の要件
　行訴法19条の追加的併合が適法なものとして認められるためには、①追加された請求が当初の請求との間で「関連請求」の関係にあること並びに②当初の請求及び追加された請求に係る各訴えが共に適法であることが必要となり、前記第4の3(1)アにおいてみた前掲最三小決平成17.3.29の判示に係る判断基準に従って、上記①の関連請求性の有無を検討することになります。関連請求性が認められる場合でも、追加された請求に係る訴えについては立件が必要となります。
　ウ　民訴法143条の訴えの変更の要件
　民訴法143条の訴えの変更（交換的変更又は追加的変更）が適法なものとして認められるためには、(ｱ)同条1項に従って、①請求の基礎に変更がないこと、②著しく訴訟手続を遅延させることとならないこと、の各要件を満たしていることが必要となり、また、(ｲ)同法136条に従って、変更の前後の請求が同種の訴訟手続によるものであることも必要となります。
　エ　行訴法21条の訴えの変更の要件
　行訴法21条は、裁判所は、取消訴訟の目的たる請求を当該処分又は裁決に係る事務の帰属する国又は公共団体に対する損害賠償その他の請求に変更することが相当であると認めるときは、請求の基礎に変更がない限り、口頭弁論の終結に至るまで、原告の申立てにより、決定をもって、訴えの変更を許すことができると規定しています。訴えの利益の消滅等により不適法となった取消訴訟を損害賠償請求に係る訴えに変更する場合、基本となる取消訴訟が不適法であるため行訴法19条によることはできず、異種の訴訟手続への変更となるため民訴法143条によることもできないため、行訴法21条によるほかなく、この点に同条の存在意義があります。

オ　併合の要件を欠く場合（立件の指示・不許の決定）

(ｱ)　行訴法19条に基づく追加的併合の申立てにつき、上記イ①又は②の併合の要件を欠く場合には、追加された請求に係る訴えについては立件して別訴として扱うこととなり、弁論の併合がされる場合には同じ期日で並行審理がされ、弁論の併合がされない場合には別の期日で各別に審理されることになります（後者の場合、立件に伴い、行政事件が複数の部に配てんされる庁では追加された行政事件訴訟の訴えが別の部に配てんされることとなり、行政部と通常部が分かれる庁では追加された損害賠償請求等の訴えが通常部に配てんされることもあります。）。

(ｲ)　民訴法143条に基づく訴えの変更の申立てにつき、各請求の基礎となる事実関係やその証拠関係等が異なると認められる場合又は各請求が異種の訴訟手続によるものである場合には、上記ウ(ｱ)①の要件（請求の基礎の同一性）又は同(ｲ)の要件（訴訟手続の同種性）を欠くものとして、不許の決定（同条4項）をすることとなります（注）。なお、上記ウ(ｱ)②の要件（著しく訴訟手続を遅延させることとならないこと）を欠くとされる場合も同様となりますが、上記ウ(ｱ)①及び(ｲ)の要件を満たす場合において、同(ｱ)②の要件を欠くとまでいえるかどうかについては、第1審においては慎重な判断がされる傾向にあるように思われるところです。

(注)　原告が請求の追加の根拠として行訴法19条と民訴法143条を選択的又は主位的・予備的に掲げているがいずれの併合も認められない場合、民訴法143条4項の不許の決定の中で、行訴法19条の追加的併合の要件である関連請求性についても併せて説示する例も見られます。

(5)　処分理由の差し替えの可否

審理の途中で被告側がその主張に係る処分理由の追加又は変更（以下併せて「差し替え」といいます。）をし、原告側がこれは許されないと主張することがあり、このような処分理由の差し替えの可否が問題となります。

ア 処分理由の差し替えについては、原則として、処分行政庁は、訴訟物（処分の違法一般）の範囲内で処分時に存在した一切の事実上及び法律上の根拠の主張が可能であるとされていますので、後記イの例外の場合を除き、処分理由の差し替えは可能であるとされています（最三小判昭和53.9.19集民125号69頁参照）。

イ 他方、処分理由の差し替えによって、処分の同一性が害される場合（例えば、懲戒処分の処分理由として別の非違行為を主張することや、青色申告承認取消処分の処分理由として異なる根拠法条（号）該当性を主張すること等）や、法令上被処分者に付与された手続的保障が没却される場合（例えば、根拠法令が特定の処分理由による被処分者に特別の手続上の保障を付与している処分につき処分時に何ら認定判断されていない当該処分理由を主張すること等）については、その差し替えが制限され、処分行政庁は処分時に自らがその基礎とした処分理由のみを主張することができると解されています。

(6) 意見陳述の申出への対応

ア 意見陳述の法的な位置付け

行政事件訴訟の集団訴訟等においては、原告側から、原告本人又は原告代理人が法廷で口頭の意見陳述をしたいとの申出がされ、裁判長の訴訟指揮による許否等の判断を経て実施される例が見られます。

これは、飽くまでも、訴状や準備書面の主張を口頭で敷えんして説明するものにとどまり、それ自体が本人尋問のように証拠となり得るものではなく、また、訴状や準備書面に記載された範囲を超えてそれ自体が独立の主張となるものでもありません。

イ 調整・実施の在り方

意見陳述の申出があった場合、期日前に、担当書記官を通じて、陳述希望者の氏名・人数・所要時間の申出を受け、人数・所要時間等の調整を経て、当日の陳述が予定の時間内で行われるように、その時間内に収まる分量の意

見陳述書の文案（そのとおり読み上げる文面のもの）の提出を受け、文面の確認をした上で（長すぎる場合には時間内に収まる分量への要約の調整も経て）、これらの事前調整の範囲内で当該期日における実施に至るという手順が必要となります。意見陳述が実施される場合、おおむね第1回と最後の口頭弁論期日にそれぞれ合計10〜15分程度の範囲で行われる場合が多いように見受けられますが、それ以上の回数や時間の希望が出された場合にどの範囲でこれを認めるかについては、各裁判体において個々の事案ごとの諸事情を総合考慮して判断することになります。

　ウ　調書上の取扱い

　上記アのような意見陳述の法的性質に鑑み、調書上の取扱いは、①事件記録の第3分類に意見陳述書をつづり、期日の調書には特に記載をしない取扱い、あるいは、②期日の調書に「原告ら　別紙意見陳述書のとおり意見陳述」等と記載した上で別紙として意見陳述書を添付する取扱いが採られており、このいずれの取扱いを採るかは、個々の事件ごとに各裁判体の判断で選択されることになると思われます。

(7)　証拠調べ

　行政事件訴訟では、事件類型によって、書証に基づいて判断するのが大半の場合を占める事件類型（租税訴訟、情報公開請求訴訟等）と、人証調べを行うことが比較的多い事件類型（難民該当性等の事実関係が争われる外国人事件等）とがあり、人証申請の採否に当たっては、争点・主張の十分な整理と書証の十分な提出を経て、事実の評価や法律論が中心の事案か事実の認定そのものに大きな争いのある事案か等を十分に見極めた上で、尋問の要否を判断することが必要となります。

　外国人事件においては、通訳人の確保も円滑な訴訟運営の観点からは重要なポイントとなり、特に少数言語については、他庁や刑事部の選任例等の情報も収集・活用しながら、適任の通訳人を確保していくことが必要となります（最高裁（行政局）を通じて大学（東京外国語大学及び大阪大学外国語学

部)から通訳人の推薦を受けられる場合があると聞いていますので、少数言語の通訳人の確保が困難である場合には、係属部の方で最高裁(行政局)に相談することも考えられます。)。

(8) 訴訟要件の審理と本案要件の審理

行政事件訴訟では、①訴訟構造の整理として、まず訴訟要件の検討を行い、その充足の有無を確認した上で本案要件の検討を行うという切り分けが必要となりますが、②実際の訴訟進行の場面では、訴訟要件の審理と本案要件の審理が並行して進められることも少なくないように見受けられます。

例えば、口頭弁論期日を開いた後も被告が訴訟要件の欠如を理由に却下答弁のみをし、本案要件に関する主張をしない場合、(ア)仮定的な予備的答弁でよいから本案の答弁をするように被告に促し、訴訟要件と本案要件の双方について相応の主張立証の応酬を経た上で弁論を終結する例(上記②の訴訟進行を採る例)が多いように見受けられますが、(イ)被告からの本案の答弁のないまま、中間判決又は終局判決のいずれになるかは別として訴訟要件について判断するとして、弁論を終結する例(上記①の訴訟構造に即した例)も見られます。

(9) 訴訟参加

ア 行訴法22条の参加(第三者の訴訟参加)

行訴法22条の参加は、訴訟の結果により権利を害される第三者がすることができ(同条1項)、当事者又は第三者から同条の参加の申立てがあった場合には、当事者及び第三者の意見を聴いた上で(同条2項)、この要件に該当するか否かを判断し、第三者を訴訟に参加させるかどうかの決定をすることが必要となります(なお、裁判所が職権で第三者を訴訟に参加させる決定をすることもできます(同条1項)。)。

イ 行訴法23条の参加(行政庁の訴訟参加)

行訴法23条の参加は、処分又は裁決をした行政庁以外の行政庁を訴訟に参加させることが必要であると認められる場合にさせることができ(同条1

項)、当事者又は行政庁から同条の参加の申立てがあった場合には、当事者及び当該行政庁の意見を聴いた上で(同条2項)、参加の必要性の有無を判断し、当該行政庁を訴訟に参加をさせるかどうかの決定をすることが必要となります(なお、裁判所が職権で行政庁を訴訟に参加させる決定をすることもできます(同条1項)。)。

　ウ　民訴法上の補助参加(民訴法42条)

　民訴法上の補助参加は、訴訟の結果について利害関係を有する第三者がすることができ(同法42条)、補助参加の申出について当事者が異議を述べたときは、この要件に該当するか否かを判断し、補助参加の許否の決定をすることが必要となります。

　エ　訴訟告知(民訴法53条)

　当事者は、上記ア又はウの参加することができる第三者に対しては、当該訴訟の告知をすることができ(民訴法53条)、裁判所は、判決により法的地位に影響が及ぶなど参加の機会を与えるのが相当と認められる第三者がいる場合には、審級の利益の保障等の観点から、当事者に対し、その第三者に対する訴訟告知を促すのが望ましいと考えられます。

　なお、地方自治法242条の2第1項4号の規定による住民訴訟(4号請求訴訟)が提起された場合には、当該職員又は当該行為若しくは怠る事実の相手方に対して、当該普通地方公共団体の執行機関又は職員は、遅滞なく、その訴訟の告知をしなければならないとされており(同条7項)、裁判所としても、上記の訴訟告知がされているかを適宜確認しておく必要があると思われます。

(10)　和解の可能性

　ア　訴訟上の和解の可否

　行政事件訴訟においては、その性質上、訴訟上の和解(以下単に「和解」といいます。)がされることは稀であり、処分の効力と抵触する内容の和解(例えば、処分を取り消し若しくは変更する処分をすること又は当該処分よ

り原告に有利な内容の処分をすることを約する旨の和解や、処分の違法性の存否又は効力の有無を確認する旨の和解等）は法的に許されないが、処分の効力と抵触しない内容の和解（例えば、原告が請求を放棄して訴訟費用の負担のみを定める和解等）は許されると解されています（実務的研究233頁参照）。

　イ　処分の自庁取消しと訴えの取下げ等

　もっとも、実務上は、必ずしも件数は多くないものの、訴訟の審理状況、裁判所の心証開示、執行停止又は仮の義務付け若しくは仮の差止めの決定の内容等を踏まえ、行政庁の側で処分の自庁取消しをした上で原告が訴えを取り下げるという事実上の和解によって事件が終局する例が、一定数見られるところです。

　また、社会保障給付の受給権者が争われている事案で、支給処分又は不支給処分自体は維持しつつ、係争当事者間で当該給付を一定の割合で分け合う旨を合意した上で訴えを取り下げるという事実上の和解によって事件が終局する例も、時折見られるところです。

　ウ　進行協議・弁論準備手続の活用

　上記イのような事例では、事実上の和解の契機が生じた時点で、弁論期日から進行協議期日又は弁論準備手続期日に切り替え、これらの手続を活用して、当事者双方の調整を図っていくことが大変有用です。

　例えば、(ア)処分の自庁取消しと訴えの取下げの例としては、①障害等級の認定処分について、訴訟資料に照らして、当該認定に係る等級よりも高い等級の認定が相当との心証を得た場合に、被告側にこれを伝えて理解を得た例、②生徒の退学処分の執行停止決定を経て第三者委員会が処分の見直しの必要性を示唆した場合に、被告側に停学処分もなお重きに失するとの心証を伝えて理解を得た例等が見られ、(イ)処分の維持と訴えの取下げの例としては、法律上の配偶者と事実上の配偶者が亡夫の遺族年金の受給権を争っている事案で事実関係の認定と評価が微妙な場合に、一定の割合ずつ遺族年金を

分け合う前提で、処分を維持した上で受給者から非受給者に相当額を支払う旨の合意が成立した例等が見られます。

(11) その他

ア　多庁係属型訴訟等について

　複数の庁に多数の同種事件が係属している集団訴訟等（多庁係属型訴訟）や、他の庁・部に関連事件が係属している訴訟については、同種事件又は関連事件の係属状況を把握し、それらの事件の進行状況や帰すう等について当事者双方を通じて確認するなどして十分な情報を得ておくことは、当該事件の審理を的確に進めていく上で、大変有用であると思われます。

イ　租税調査官について

　租税訴訟においては、事案や事柄に応じて、租税関係の法令・通達、裁判例・裁決例、立法資料、文献や税額の計算等について十分な調査と確認を行うため、裁判所法57条所定の租税に関する事件の調査事務を掌る裁判所調査官（以下、一般の呼称のとおり、「租税調査官」といいます。）に調査を命じて確認することが有用な場合があり、租税調査官による調査の対象は、①租税法令や関連通達の改廃の有無及び改廃経緯の確認・整理、②裁決段階及び訴訟係属後に争点となった点等についての裁判例・裁決例、関連通達、立法資料、文献等の収集・整理、③税額の計算等の確認・整理となります。租税調査官は、東京地裁及び大阪地裁に配置されていますが、それ以外の庁でも、個別の事案で必要があれば、個々の事件ごとに東京地裁又は大阪地裁との併任を求めることにより、上記①ないし③の事項を調査の対象として、租税調査官に調査を命ずることができます[13]。

13　東京、名古屋、仙台又は札幌の各高裁管内の場合は東京地裁との併任となり、大阪、広島、福岡又は高松の各高裁管内の場合は大阪地裁との併任となります。

3 判決作成上の工夫・留意点

(1) 判決を当初から視野に入れた審理・作業の工夫（前記1(3)参照）

前記1(3)のとおり、行政事件訴訟の審理において、第1回以降の各期日ごとに主張整理案を作成するとともに一定の時期以降は理由骨子案も作成してこれらを合議メモに添付し、毎回の期日前の合議でこれらの内容や釈明を要する事項も議論の対象とする先行起案を進めていくことにより、弁論終結時における作業の到達度をできるだけ高いものにしていくことは、訴訟の審理や弁論終結後の作業の効率化及び判決のクォリティーの向上と確保に資するものと考えられます。

(2) 判決原案の提出時及びそれ以降の作業の工夫（前記1(2)イ参照）

上記のように弁論終結前に作業を進めていても、なお弁論終結後に判決理由のディテールを詰めていくと、いろいろな疑問点や検討事項が出てくるのが、行政事件の判決の難しさであり、以下のように、これらを判決原案の提出後に効率的に合議の対象にしていくための工夫が必要となります（前記1(2)イ参照）。

ア 脚注等による対話と随時の相談・合議

上記の工夫の方法として、追加の検討・確認の示唆と複数の選択肢の提示・検討の観点から、判決原案及びこれに対する裁判長の修文等においてお互いに脚注の書き込みを重ねることを通じて、陪席と裁判長との間で対話をしていくことが考えられます（平成20年に裁判長としてこの脚注方式を始めた当時、平成17年の司法研修所の講演録において当時の東京地裁行政部の市村陽典部総括判事（元仙台高裁長官）がこれと同様の方式を紹介されていることは知らなかったのですが、後にそれぞれ同様の発想に基づく工夫の結果としてほぼ同様の方式を採っていたことを知るに至り、大変興味深く思ったところで、最近では脚注又はコメント機能等を用いた同様又は類似の方式が合議事件全般に広く用いられているように見受けられます。）。

具体的には、㋐主任裁判官は、原案の脚注の中で、参照した主張書面・証

拠とその該当頁や判例・文献等を摘示するほか、疑問点や悩み等を記載し、(イ)裁判長は、①加筆の脚注の中で、修文の理由の説明や陪席の疑問等への応答のほか、要検討・要確認の事項・視点の指摘を記載し、②複数の表現の選択肢や仮案を本文に〔　〕で提示して脚注で問題提起し、遠慮なく再修文を提案するように促した上で主任裁判官の検討を促し、(ウ)主任裁判官は、①これらの事項を検討し確認した上で、本文に〔　〕の選択や再修文案を書き込み、②応答の脚注の中で、検討・確認の内容と結果、選択や再修文の理由等を書き込み、(エ)裁判長は、これらの検討結果等を踏まえ、更なる加筆や説示・表現の絞り込み等を行う、というイメージが考えられ、これらの脚注等による対話のキャッチボールを繰り返す過程で、より多角的な検討を深めつつ、お互いに知恵を出し合いながら、より良い説示の内容や表現を精錬していくことが志向されるところです（裁判長の上記の脚注や〔　〕等は、(a)ファイルのデータへの書き込みが基本ですが、(b)修文が少ない場合や繁忙時における手書きの書き込みでも同様のスタイルで記載し、(c)修文が少ない部分は手書きで書き込み、修文内容の複雑な部分はデータに書き込んで別紙とすることもあり、適宜これらを使い分けるのが有用であると思われます。）。なお、これらの主任裁判官又は裁判長による脚注の書き込みは、長文にわたる事項や全体に関わる方針の相談に係る事項については、別紙のメモの交換を通じて行われることもあります。

　これらの脚注等による対話は、基本的には書面合議ですが、その過程で特に口頭で議論することが望ましい点については、随時、ポイントを絞った上で、口頭による相談を行ったり、合議体で口頭による合議を行ったりすることも有用であると思われます。

　　イ　相陪席・書記官のチェックを視野に入れた脚注等の付記

　主任裁判官による原案の脚注等において、相陪席・書記官のチェックの効率に資するような事項（参照した主張書面・証拠とその該当頁や判例・文献等）の付記をしておくことは、相陪席・書記官のチェックをより効率的かつ

精度の高いものにする上で、有用であると思われます。

(3) 判決の作成に当たっての留意点

行政事件の判決の作成に当たっての留意点としては、次のような点が挙げられます。

ア 他の事件に対する影響や波及への考察

法令解釈や憲法判断の説示の在り方については、事柄の性質上、相応に汎用性を帯びることが少なくないため、他の事件に対する影響や波及を十分に考察した上で、当該説示が一人歩きをして他の事件の判断を過度に縛ることのないように、説示の射程を当該事案の解決に必要な範囲で適切に設定し、当該説示の論理が同種事件における一定の事情の相違等を包摂し得るものであるか否かを注意深く検証する必要があるものと思われます。

法令解釈について一般論の説示を書くに当たって、「特段の事情」による例外の余地を明記するか否かは、その検討を要することが少なくありませんが、これを書く以上は、具体的にどのような場合に「特段の事情」による例外が認められるのかを十分に詰めてよく考え、できるだけ「〜と認められるなど特段の事情がある場合を除き、」等のように「特段の事情」の例示や内容を明記することが望ましいものと考えられます（もっとも、理論上の例外の余地は否定し難いものの、実際には具体例の内容を確定し難く、将来の事案の集積を待つべき場合等のように、上記のような例示や内容の明記が困難な場合もあり得るものと思われます。）。

イ 論理の構成・流れ

判決の論理の構成・流れについては、以下のような点に留意する必要があると思われます。

(ア) 段落の構成・見出し等

判決の説示について、どのように段落を分け、各段落の関係をどのように並べてつなぐかは、見出しを付すか及びその付し方を含め、論理的な構成・関係をよく考えて詰める必要があり、接続詞の使い方（順接・逆接、並列・

展開、仮定、なお書き等）も、そうした論理的な構成・関係を適切に反映するものとなるように、見直しの過程では、説示の中身が一通り仕上がった後、段落の分け方・並べ方の当否や接続詞の選択・つながりの当否に重点を置いて改めて見直すことが有用と思われます。

　(イ)　法制執務や最高裁判例に沿った用語の正確性

　各語・各句の論理的な関係を示す用語については、法制執務において確立された用法があり、最高裁判例においてもこれに沿った語句や表現が用いられているところ、判決の説示中の個々の文章において、各語・各句の論理的な関係がこのような法制執務や最高裁判例に沿った正確な用語で表現されているかも、行政事件の判決では重要なポイントとなります。

　上記の観点から、判決の説示における用語に関しては、説示の中身が一通り仕上がった後に、①及び・並びに・かつ（and）、②又は・若しくは（or）、③その他の・その他、④場合・とき・時などといったつなぎの語句の用法（前掲「新訂ワークブック法制執務〔第2版〕」参照）の当否や、⑤「等」の要否などに重点を置いて改めて見直すことも有用と思われます。

　ウ　法律論の展開と事案への当てはめ

　行政事件の判決では、判断の枠組み・基準や一定の規範・法理といった法律論を展開した上で、それを当該事案の事実関係等に当てはめて結論を導く（例：規定の趣旨の俯瞰→規定の解釈〔判断の枠組み・基準等〕の提示→事案への当てはめ）という説示の割合が高くなりますが、①そうした法律論の説示の展開が適度に過不足なくされているか、②当てはめの説示が法律論と整合・符合しているかは、判決の骨格を成す重要なポイントであり、説示の中身が一通り仕上がった後、これらの内容・表現の適否等について改めて見直すことが有用と思われます。

　エ　客観的な視点からの文章の精錬

　行政事件の判決は、行政・立法や社会の各方面への影響の重大性に鑑み、説示の中身が一通り仕上がった後、多角的な視点から客観的に何度も見直し

て推敲を重ね、文章を精錬していく作業が重要なポイントとなります。
　(ｱ)　上記アないしウの観点からの俯瞰
　まず、上記アないしウの観点から、判決の全体をそれぞれの視点で俯瞰することは、前述のとおり有用と思われます。
　(ｲ)　様々な視点からの検証
　a　次に、主張を排斥される側の当事者の視点を踏まえた批判的な検証の観点から、また、当該当事者の立場や心情等への配慮の観点から、判決の説示につき、理論的な詰めと適切な表現の選択が十分にされているか（論理がきっちりと詰められている一方で、上記の配慮の観点から穏当な表現が採られているか等）を改めて見直し、推敲を重ねていくことが大切であると思われ、現にそれにより判決の確定するケースが着実に増えていくことも実感されるところです。
　b　また、裁判所の示す判断の論理や基準が、各分野の専門的知見や実務の一般的運用等に関する理解や認識の面で十分に批判に堪え得るものとなっているかという視点からの検証を行うことも、重要な要素となるものと思われ、事案によっては、関係法令の立案の趣旨・経緯や立法過程を十分に踏まえたものとなっているかという視点からの検証が必要となる場合も想定されるところです。
　c　そして、行政事件の判決は、平成16年の行訴法改正後、平成24年11月に改正行訴法検証研究会による検討が終了した後も、引き続き批判的な検証の対象として各方面から注視され続けているところであり（前記第1参照）、説示の中身を起案する過程において、常にそのような第三者的な視点を踏まえた批判的な検証を自らに課し、それらの批判に堪え得る論理と方向性が適切に示されているか、十分な自己検証を行っていくことが肝要であると思われます。
　d　もとより、見解の相違によって結論が分かれ得る問題についていずれの見解を採るかという説示の中身については自ら考え抜いた判断を粛々と示

すということに尽きますが、そうした自らの判断の趣旨・内容が判決文と事件記録の一読により上訴審に正しく伝わるように、判決文と事件記録の文面上、所要の審理を過不足なく十分に尽くした上での論理的に正当な判断として実体面・手続面ともに適切な表現で示されているかについては、そのような上訴審の視点を踏まえた検証の観点から、判決の説示の適否や調書等の事件記録の記載との整合性等をレビューすることも必要な要素ということができます。

　(ウ)　表記の統一性（公用文の表記）

　行政事件の判決については、立法・行政において準拠されている公用文の表記に従って表記の統一性を確保することも、判断の信頼性を担保する上で留意すべき点であるといえます（前記第3の3末尾参照）。

　オ　見直し・チェックの重要性

　判決の見直しや相陪席によるチェックにおいては、以上の実質的な観点からの俯瞰や検証等に加え、形式面でも、①略語の適否・統一性（初出の位置の適否を含む。）、②前後の表現の統一性、③引用項（例えば「前記1(2)ウ」等）の正確性等について、様々な観点から繰り返し判文を読み返し、全体として整合のとれた判文になるように推敲を重ねることが有用です。

　主任裁判官は、判決原案に、相陪席・書記官のチェックにも資する事項（参照した主張書面・証拠とその該当頁や判例・文献等）について脚注で注記しておくと（チェック事項の文書化）、チェックの効率と実効性の向上に役立ちます。

　(4)　基本的な構成

　行政事件の判決の基本的な構成は、(ｱ)①表題等、当事者、主文、請求に続いて、②事案の概要として、(a)事案の要旨、関係法令等の定め（後記(ｲ)参照）、前提事実を記載した後、(b)争点の摘示とともに、争点に関する当事者の主張を整理して摘示し（当事者の主張の要旨）、③裁判所の判断として、事案ごとに適宜の順序で、認定事実、争点に関する判断（理由説示）、結論

等を記載するというのが通例で（他方、140条却下判決では、その内容に即した簡略な構成が採られるのが通例です。）、(イ)上記(ア)②(a)の「関係法令等の定め」を記載するか（例えば、通常の外国人事件では記載しないのが通例ですが、租税訴訟では記載するのが通例です。）、選別を経て摘示する法条等を事案の要旨の次（前提事実の前）の「関係法令の定め等」欄に全て記載するか又はその法条等の全部若しくは一部をその欄で引用する別紙に記載するかは、個々の事案に応じて適宜の書き方が選択されます（なお、同(b)の当事者の主張を別紙とする例も実務上見られます。）。そして、判文の中身が一通り仕上がった後、これらの各項目の記載が前後を通じて整合しているか（上記(ア)②(a)の前提事実と同③の認定事実との整合性、上記(ア)②(b)の当事者の主張の要旨と同③の理由説示で引用する主張の要約との整合性、上記(ア)①の主文と同③の末尾の「結論」との整合性等）の見直しが必要となります。

　また、別紙・別表を判決に添付する場合、それらが本文の中で適切な表現・順序で正しく引用されているかの確認も必要となります（なお、租税訴訟における課税の計算と根拠等の別紙は、基本的には争いのない技術的な事項の記載ではあるものの、判決の本文と整合するように、課税庁の作成に係る書面の記載を適宜編集することが望ましいと思われます。）。

第6　仮の救済

　仮の救済の制度については、平成16年の行訴法改正により、執行停止（行訴法25条）の要件が改正されるとともに、新たに仮の義務付け及び仮の差止め（行訴法37条の5）の制度が創設されました。

1　執行停止（行訴法25条）

(1)　手続・日程の調整

　執行停止の申立てがあった場合、まず、当該処分の性質等に照らして、いつまでに決定をする必要のある事件かを検討し、それから逆算して、相手方の意見書の提出期限、申立人の反論の要否及びその提出期限を勘案し、相手

方とも調整の上、意見書の提出期限を決めるのが通例であり、受理直後のスケジュールの設定が重要なポイントになります。なお、特に緊急を要し、抗告審においても迅速な判断が求められる事件の場合には、地裁の訟廷事務室を通じて高裁の訟廷事務室に連絡し、当該事件の申立てがあった旨の情報提供をしておくことが考えられます。

(2) 要件の審査

ア 適法な本案訴訟の係属の有無

執行停止の申立ては、適法な本案訴訟（取消訴訟又は無効等確認の訴え）の係属がその適法要件であるため、本案の訴えが不適法である場合には、執行停止の申立ても当然に不適法となります。

なお、申立て及び訴えの対象が処分性を欠く場合には、適法な本案訴訟の係属を欠くとともに、申立ての対象適格も欠くために申立て自体も不適法と評価されることになります。

イ 重大な損害を避けるため緊急の必要があるか否か

執行停止の積極要件に係る処分の執行による損害の程度等については、平成16年の行訴法25条の改正により、①2項の文言が「回復の困難な損害」から「重大な損害」に改められ、②「重大な損害」を生ずるか否かの判断に当たっての考慮事項につき、「損害の回復の困難の程度を考慮するものとし、損害の性質及び程度並びに処分の内容及び性質をも勘案するものとする」旨の新3項が新設されており、処分の執行停止については、これらの諸事情を総合的に勘案した上で、事柄の性質等に即した柔軟な解釈によって一定の合理的な範囲でこれが認められ得るように、条文の整理が行われています。

行訴法25条2項の「重大な損害を避けるため緊急の必要があるとき」の要件に関して、下級審の裁判例では、いわゆる執行不停止の原則（同条1項）及びその例外としての執行停止制度の趣旨等に鑑み、処分の執行等により維持される行政目的の達成の必要性を踏まえた処分の内容及び性質と、これによって申立人が被ることとなる損害の性質及び内容とを、処分の執行等によ

る行政目的の達成を一時的に犠牲にしてもなおこれを停止して申立人を救済しなければならない緊急の必要性があるか否かの観点から検討すべきである旨の判断枠組みが示される例が多く見られ、このような比較衡量の観点も、上記の要件の判断に当たって参酌されることになります。

　ウ　公共の福祉に重大な影響を及ぼすおそれの有無

　行訴法25条4項は、執行停止の消極要件として、「公共の福祉に重大な影響を及ぼすおそれがあるとき」は、執行停止をすることができないと定めていますが、上記イの要件の判断の中でも当該処分の執行に係る行政目的との比較衡量の観点が参酌されることを踏まえると、この消極要件を満たすとされるのは、処分の性質上、当該処分の執行に係る行政目的の公共性が極めて高く、その執行をしないことが広範な範囲の国民に多大な不利益等をもたらすような場合に限られるものと考えられます。

　エ　本案について理由がないとみえるか否か

　行訴法25条4項は、執行停止の消極要件として、「本案について理由がないとみえるとき」も、執行停止をすることができないと定めていますが、この要件の判断は、実質的には本案の判断の先取りともいえるものになることが多いため、実務上、①他の要件（申立適格〔本案の原告適格〕を含む。）を満たさない場合には、この要件について判断するまでもなく申立てを却下するものとされる場合が多く、また、②他の要件を満たす場合には、本案の審理を経ない段階の疎明だけで本案の要件を満たさないことが明らかである場合を除き、本案の審理で検討すべき点を幾つか摘示した上でなおそれらの点につき審理を尽くさなければ理由がないとまでは断じ難いなどとして、申立てを認容する場合が相当数見受けられますが、③事案によっては、当事者の意向も踏まえつつ、本案の審理と並行して要件審査の検討を進めながら当該事案に即した適切な判断の時期を見極めるのが相当な場合もあり得ると思われます。

(3)　平成16年改正後の認容例

上記(2)イの①及び②のような執行停止の積極要件(処分の執行による損害の程度等)に関する平成16年の行訴法25条の改正を経て、執行停止の申立てについては、特に業務停止や事業許可取消し等の事件類型につき、同条3項の諸事情を総合考慮した上で重大な損害を避けるため緊急の必要があるなどとする認容例が相当数見られるところです(改正行訴法検証研究会の報告書43〜51頁に平成24年11月以前の認容例(34件)が紹介されており、同月以降も一定数の認容例が積み重ねられています。)。

2 仮の義務付け及び仮の差止め(行訴法37条の5)

仮の義務付け及び仮の差止めの制度は、平成16年の行訴法改正において、義務付けの訴え及び差止めの訴えの創設に伴い、これらに対応する仮の救済の制度として新たに創設されたもので、権利救済の実効性の観点から重要な役割を果たす制度であるといえます。

(1) 手続・日程の調整

仮の義務付け又は仮の差止めの申立てがあった場合の手続・日程の調整については、前記1(1)において執行停止の申立てについて述べたところと基本的には同様です。

もっとも、仮の義務付け又は仮の差止めの申立てについて、後記(2)イの「償うことのできない損害を避けるため緊急の必要」の積極要件を充足する場合に、同ウの「本案について理由があるとみえる」か否かの積極要件の該当性について判断することは、実質的には本案の判断を先行して示すことになる側面があるため、事案によっては、本案訴訟の審理の進行と並行して双方に同ウの積極要件に関する主張と疎明を十分に尽くさせてから慎重に判断をすることが必要となる場合もあり得ると思われます。

(2) 要件の審査

ア 適法な本案訴訟の係属の有無

仮の義務付け及び仮の差止めの申立ては、適法な本案訴訟(義務付けの訴え又は差止めの訴え)の係属がその適法要件であるため、本案の訴えが不適

法である場合には、これらの申立ても当然に不適法となることなどは、申立ての対象が処分性を欠く場合の帰すうを含め、前記1(2)アにおいて執行停止の申立てについて述べたところと同様です。

　イ　償うことのできない損害を避けるため緊急の必要があるか否か

　平成16年の行訴法改正により創設された仮の義務付け及び仮の差止めの制度において、その積極要件としての処分の不作為又は作為による損害の程度は、行政庁に対して直接的に処分の作為又は不作為を命ずる事前救済制度の性質に鑑み、執行停止よりも若干加重され、「償うことのできない損害」とされており、「償うことのできない損害を避けるため緊急の必要」があることを要するものとされています（行訴法37条の5第1項・第2項）。

　この「償うことのできない損害」を生ずるか否かの判断に当たっての考慮事項につき、執行停止に関する行訴法25条3項の規定は明示的には準用されていませんが、事柄の性質に鑑みると、少なくとも同項に掲げる考慮事項は、いずれも同様に考慮の対象とされるものと考えられます。

　下級審の裁判例も、おそらく同様の考え方を前提に、執行停止に関する前記1(2)イの裁判例に準じて、（以下の〔　〕〔　〕はそれぞれ仮の義務付けと仮の差止めに対応する形で、）当該処分がされ〔ない〕〔る〕ことにより生ずる損害の回復の困難の程度を考慮し、当該損害の性質及び程度並びに当該処分の内容及び性質をも勘案して、当該処分がされ〔ない〕〔る〕ことによる行政目的の達成等を一時的に犠牲にしてもなお当該処分を〔すべき〕〔してはならない〕ことを事前に行政庁に義務付けて申立人を救済しなければならない緊急の必要性があるか否かの観点から検討した上で、原状回復又は損害賠償など事後の救済手段によるのでは著しく救済が困難であることが一応認められる必要がある旨の判断枠組みを示すものが多く見られるところです。

　ウ　本案について理由があるとみえるか否か

　本案に関する理由の有無の見込みについて、執行停止においては、本案について理由がないとみえることが消極要件とされているのに対し、仮の義務

付け及び仮の差止めにおいては、上記イのような事前救済制度の性質に鑑み、本案について理由があるとみえることが積極要件とされています（行訴法37条の5第1項・第2項）。それゆえに、この要件の判断が実質的には本案の判断を先取りして示すことになる側面が執行停止以上に強く出てくるため、仮の義務付け及び仮の差止めの申立事件においても、上記1(2)エの①又は③のような点が考慮の対象となりますが、他の要件を満たす場合でも申立ての認容に至るためにはこの要件も充足すると判断されることが必要となる関係で、執行停止の場合よりも同③のような点の考慮を要する場合が多いのではないかと思われます。

　エ　公共の福祉に重大な影響を及ぼすおそれの有無

　公共の福祉に重大な影響を及ぼすおそれの有無については、事柄の性質上、執行停止と同様に、消極要件として規定されており（行訴法37条の5第3項）、この要件の意義等については、前記1(2)ウにおいて執行停止の申立てについて述べたところと同様です。

(3)　平成16年改正による制度創設後の認容例

　平成16年改正による仮の義務付け及び仮の差止めの制度創設後に、本案である義務付けの訴え及び差止めの訴えと同様に、一定数の認容例（一部認容を含む。以下同じ。）が現れており（後記ア及びイのとおり、改正行訴法検証研究会の報告書59～62頁及び66頁に平成24年11月以前の認容例が紹介されており、同月以降も一定数の認容例が積み重ねられています。）、これらの制度が国民の権利利益の実効的な事前救済の方法として機能していることがうかがわれます。また、これらの裁判例の中に、行政専門部・集中部の置かれていない地裁のものが多く含まれていることも、その表れとして、注目に値すると思われます。

　ア　仮の義務付けの認容例

　仮の義務付けの認容例（認容決定の確定例）として公刊物等で把握できるものは、改正行訴法検証研究会の報告書（59～62頁）に掲記されているもの

を含め、巻末の参考資料1のレジュメ末尾の【参考】1（後掲137頁）に紹介していますので、同レジュメの当該箇所を御参照ください。

イ　仮の差止めの認容例

仮の差止めの認容例（認容決定の確定例）として公刊物等で把握できるものは、改正行訴法検証研究会の報告書（66頁）に掲記されているものを含め、上記の参考資料1のレジュメ末尾の【参考】2（後掲138頁）に紹介していますので、同レジュメの当該箇所を御参照ください。

（後注）義務付け訴訟・差止訴訟の認容例

なお、これに関連して御参考として、本案である義務付け訴訟・差止訴訟の認容例（認容判決の確定例）として公刊物等で把握できるものも、改正行訴法検証研究会の報告書（4～6頁、9～10頁、18～19頁）に掲記されているものを含め、上記の参考資料1のレジュメ末尾の【参考】3及び4（後掲138頁～142頁）に紹介していますので、同レジュメの当該箇所を御参照ください。

3　仮処分の排除（行訴法44条）

(1)　行訴法44条の趣旨

行訴法44条は、「仮処分の排除」との見出しの下に、行政庁の処分その他公権力の行使に当たる行為（行訴法3条2項に規定する処分及び同条3項に規定する裁決〔以下、本項(1)及び(2)において、これらを併せて「行政処分」といいます。〕）については、民事保全法に規定する仮処分をすることができないと定めており、行政処分の公定力や私人間の関係で私法上の権利を保全する仮処分制度の性質等に鑑み、行政庁の公権力の行使（行政処分の効力、執行又は手続の続行〔以下、これらを併せて「行政処分の効力等」といいます。〕）と抵触する内容の仮処分は、本案事件が民事事件か行政事件かを問わず、また、その訴訟類型のいかんを問わず、許されないものと解されています（条解行訴法1029～1030頁の1(3)等参照）。

したがって、行政庁の公権力の行使（行政処分の効力等）と抵触する内容の仮の救済は、専ら（本案訴訟としての抗告訴訟の提起を前提として）前記1及び2の執行停止又は仮の義務付け若しくは仮の差止めによるべきことになります。

(2) 行訴法44条の適用関係

上記のような行訴法44条の趣旨に鑑み、(ｱ)既にされた行政処分の効力等を停止する仮処分の申立て、(ｲ)行政処分がされたのと同様の効果を生じさせる仮処分の申立て、(ｳ)あらかじめ行政処分を禁止する仮処分の申立ては、いずれも同条により不適法となり、また、(ｴ)既にされた行政処分によって生じた法律関係と相反する内容の仮処分（例えば公用負担関係の行政処分に基づく公共工事の差止めを求める仮処分等）の申立てについても、当該行政処分の効力等を実質上停止させるなど行政庁の公権力の行使（行政処分の効力等）と抵触する内容のものであれば、同条により不適法になるものと解されます（条解行訴法1032～1035頁の2(2)等参照）。

第7 終わりに

1 行政事件の判決の重要性と社会的な影響等

(1) 行政・立法への影響・波及と社会的な影響等

以上に見てきたとおり、行政事件の判決は、三権の他部門である行政・立法に対する影響・波及を伴い、社会的な影響等を持つことも少なくなく、各方面の様々な視点からの批判的な検証の対象とされていますので、判決の説示は、論理的に十分に説得的であるとともに、それらの影響・波及も視野に入れた表現のディテールへの目配りと配慮も行き届いたものであることが必要となるものと思われます。

(2) 行政・社会の規範の形成・基準の提示等（法令解釈の重要性）

行政事件の判決は、通常の民事事件に比べて、一般的な傾向として、事実認定の比重が低い反面、法令解釈の占めるウェイトが大きい類型の事件が多

く、そこで示される法令解釈の一般論や要件該当性等に関する判断基準等の説示は、行政や社会の規範を形成し、その当てはめにおける基準や指針を行政や社会に提示する重要な意味合いを持つものとなりますので、いわば法令の条文に準じた重みのあるものとして内容を吟味し文章を精錬していく姿勢が求められるものと思われます。

2　通常民事事件の処理にも資する取組の姿勢等

行政事件は、一見すると通常民事事件とはかなり異質なもののようにも見えますが、自分自身の経験からも、行政事件の経験は、通常民事事件の処理にも大変役立つ有意義な点が数多くあるように思われるところです。

(1)　判決を見据えた審理・釈明・和解等

もとより、民事・行政事件の審理全般に、先入観を持たず、訴訟の各段階で現れる主張立証に虚心坦懐かつ丁寧に耳を傾け、それらを十分に咀嚼しながら心証を形成していくべきことは所与の前提となりますが、行政事件訴訟の審理の過程で、早い段階から判決の結論の方向性や理論構成・理由付けを詰めて考え、どのような判決になるかのヴィジョンとイメージを早期に形成し、それから逆算して審理の進め方を考え、釈明すべき事項を詰めていくという手法は、通常民事事件においても、適時に的確な釈明をしながら審理を効率的に進め、弁論準備手続等で実質的な議論を行いながら、しっかりとした見通しや心証をもって適時に和解を勧試し、結論の方向性や理由付けも含めて説得力のある説明や調整によって和解を成立に導いていくという審理の充実に役立つものと思われますし、最終的に判決になる場合にも判決の精度を高めていくことに直結するものと思われます。

(2)　合議の充実

前記第5の1のとおり、行政事件の合議では、主任裁判官の作成する合議メモを基に、審理の方針や釈明事項、法律論の理論構成や理由付け等につき、様々な角度からの視点を検討の俎上に載せながら、個々の論点を掘り下げて充実した議論を行うことが特に重要となりますが、このような行政事件

の合議の経験は、通常民事事件の合議においても、まずはきっちりと論理を詰めて考え、その上で事案の落ち着きや証拠の濃淡を勘案し、最終的な着地点を見極めていく検討の精度を高め、広角な視点から思考を深めていく上で、大変有益であるように思われます。

(3) 判決の精度の向上（法的思考力・多角的視点・バランス感覚等の涵養）

行政事件の判決において、法律論と当てはめの説示の論理を詰め、法令や判例に即した用語や語句の正確性に注意を払い、多角的な視点に配慮して説示の表現やニュアンスのディテールを調節し、判文を精緻に練り上げていく作業に習熟することは、通常民事事件においても、しっかりとした論理的な構造を備えた判断の枠組みを基に事案の落ち着きや微妙なニュアンスにも配慮した説得力の高いバランスのとれた判決を作成する上で、その基礎となる法的思考力、多角的視点、バランス感覚等の涵養に資するものと思われます。

3　最後に

行政事件は、全国の地裁に係属しており、必ずしも行政専門部・集中部の置かれていない庁にも大変重要な行政事件が係属することがしばしばありますが、法科大学院創設後の司法試験で行政法を公法系の必須科目として勉強され、任官後も司法研修所の研究会及びその資料や各庁の研さん等を通じて行政事件の調査・取組の在り方を勉強された若い世代の裁判官の方々が、行政・立法との関係における司法の立ち位置を視野に入れ、法律家としての法的素養とバランス感覚を傾注して個々の事件と真摯に向き合い、自らの法的思考・知見と論理・感性を駆使し、自ら定立する法的規範や判断基準の意義や位置付けを熟慮して取り組んでいかれれば、必ずや今後の実務において参照されるような立派な判決を作り上げることができると思いますし、行政事件にはそのような重要な判断の対象と素材が数多く含まれており、前記第6の2(3)において紹介した新制度に係る裁判例もそうした歴史の足跡を示しているものと思われます。

行政専門部・集中部で行政事件を専門的・集中的に多数扱う経験を積むことは、もとより大変有益なことで、そうした経験を積んだ方々にはそこで培った経験を活かして重要な裁判例となる判決を多数創り出していただきたいと思いますし、また、行政専門部・集中部の置かれていない庁で他の様々な事件とともに行政事件を担当する裁判官の方々も、決して臆する必要はなく、これまでの勉強や研修・研さん等で培った知見と自らの法律家としてのセンスを基に、行政事件の重要性を踏まえた自覚・気概と情熱をもって自らの思考の中で論理を組み立てて考え抜き、表現の細部に至るまで繊細な配慮をめぐらせていけば、説得力の高いバランスのとれた立派な判決を作り上げることができると思いますので、ぜひ高いモチベーションをもって行政事件に意欲的に取り組んでいただければと願っています。本稿の中で紹介した取組の在り方等については、自分自身がそのように目指しつつ必ずしも十分に実践しきれずに試行錯誤を続けてきた事柄も多く、実践論としてお伝えするのは心苦しい面も多々あるところですが、常日頃目指してきた方向を御参考としてお伝えした話としてご覧いただき、御理解いただければ有り難く思う次第です。

　高度情報化・グローバル化の波の中で時代の潮流の変化が速度を増し、行政事件を取り巻く社会や諸制度の環境も時々刻々と変化を続けている現代において、行政法の基礎理論の枠組みを踏まえ、行政・立法との適度な均衡と抑制の観点から、汲むべき社会の要請に適切に応えて司法の役割を着実かつ的確に果たしていくためには、行政事件に携わる若い世代の裁判官の方々の日々の地道な努力が正にその礎となりますので、ぜひ大いに気概と情熱をもって日々の判決の起案や審理の運営に取り組んでいただければと存じます。そうした日々の真摯な取組の過程で、本稿の中に何か多少とも参考になる点があれば幸いです。

巻末資料

参考資料1　レジュメ
　　　　　（講演時のレジュメに補筆を加えたもの）
　　　　　　第1～第7　講演録第1～第7に対応〔111頁以下〕
　　　　　　【参考】　　第6の2(3)の参考裁判例〔137頁以下〕

参考資料2　事務連絡の書式例
　　　　　（講演録第4の2(2)関係）〔143頁以下〕

参考資料3　行政事件訴訟における請求の趣旨の文例
　　　　　（講演録第4の3(3)関係）〔147頁以下〕

【参考資料1（レジュメ）】
行政事件訴訟における調査検討・審理運営の在り方について

第1 はじめに
・平成16年の行訴法の改正
・改正行訴法の施行状況の検証と再改正の要否等の議論の状況
改正行政事件訴訟法施行状況検証研究会（以下「改正行訴法検証研究会」という。）の報告書と法務省の検討結果
・平成16年改正の趣旨・精神と行訴法の理論の根幹との調和・バランス

第2 行政事件訴訟の特質と概況
 1 行政事件訴訟の特質
  立法・行政・司法の関係性
  法令解釈の比重 → 規範の形成・基準の提示（判示内容の汎用性・影響）
  行政・立法への影響、社会的・政治的な影響、憲法判断を求められる頻度
 2 行政事件訴訟の概況
  (1) 租税訴訟の複雑化・大型化
   新しい租税法規の解釈が問題、外国法・私法も関連
  (2) 住民訴訟の多様化・複雑化
   公金の支出に係る違法性・過失の有無等（地方公共団体の諸施策への批判を背景）
  (3) 情報公開請求訴訟の増加・複雑化
   文書の存否・組織共用文書該当性、不開示事由の該当性等
  (4) 環境訴訟の増加・複雑化
   大規模施設の設置・建築等への周辺住民の反対等
   原告適格の範囲、訴訟要件の該当性、法令違反の有無、裁量判断の適否等
  (5) 社会保障関係訴訟の増加・複雑化
   各種の社会保障関係法令の解釈等
   抽象的な根拠法規の委任関係を踏まえた解釈基準の検討
  (6) 外国人事件の増加
   在留特別許可に係る裁量権の範囲の逸脱又は濫用の有無等
   難民該当性の有無等

(7) 事件の多様化
　ア　各種事業規制関係訴訟
　　　免許取消処分、措置命令、課徴金納付命令等の取消訴訟等
　　　　訴えの利益、実体要件の充足性、理由提示の適否等
　イ　義務付け訴訟　申請型（法令上の申請権の有無、法令上の権限等）
　　　　　　　　　　非申請型（重大な損害の有無、補充性等）
　　　　　　　　本案の判断：裁量権の範囲の逸脱又はその濫用の有無等
　ウ　差止訴訟　　処分の蓋然性、重大な損害の有無、補充性等
　　　　　　　　本案の判断：裁量権の範囲の逸脱又はその濫用の有無等

3　平成16年の行訴法改正の実務への影響
(1) 原告適格（行訴法9条2項）
　・判例の判断基準の明文化（最三小判昭和60.12.17集民146号323頁〔伊達火力発電所訴訟〕、最三小判平成4.9.22民集46巻6号571頁〔もんじゅ訴訟〕、最二小判平成元.2.17民集43巻2号56頁〔新潟空港訴訟〕等）
　・最大判平成17.12.7民集59巻10号2645頁（小田急線高架化事業認可取消訴訟）等
(2) 義務付け訴訟・差止訴訟の創設（行訴法3条6項・7項、37条の2～37条の4）
　　裁判例における無名抗告訴訟の要件を明文化（「重大な損害」の要件等）
　　最一小判平成24.2.9民集66巻2号183頁（教職員国旗国歌予防訴訟）
(3) 当事者訴訟の類型としての確認訴訟の明示（行訴法4条）
　　抗告訴訟の対象外の事項（処分性のない場合等）の争訟類型
　　最大判平成17.9.14民集59巻7号2087頁（在外邦人選挙権制限違憲訴訟）
　　最大判令和4.5.25民集76巻4号711頁（在外邦人国民審査権制限違憲訴訟）等
(4) 処分性の概念の拡張
　　最大判平成20.9.10民集62巻8号2029頁（浜松市土地区画整理事業計画決定取消訴訟）
(5) 仮の救済手続の拡充（行訴法25条、37条の5）
　　執行停止の要件の改正、仮の義務付け・仮の差止めの制度の創設
(6) 改正行訴法検証研究会
　・再改正の要否の検討も視野に入れた検証
　　「法律上の利益」（原告適格）や「重大な損害」（義務付け・差止訴訟）の要件の改廃論議
　　委任命令・通達の無効確認訴訟や納税者訴訟・団体訴訟等の導入論議

- 平成24年11月　研究会報告書の公表（法務省ウェブサイト等）
  ※法務省の検討結果も併せて公表（法務省ウェブサイト等）
  - 判例の動向を中心に施行状況をなお継続的に見守ることが適切である。
  - 政府として講ずべき措置がなお存しないかどうかについては、引き続き関係機関・団体と連携しつつ注視する。
  →継続的な検証の対象としての行政事件訴訟の判決（可及的な本案判断の志向）
  　平成16年改正の趣旨・精神に沿った方向性と理論的枠組みの根幹とのバランス

第3　調査の要点

1　法令等の調査・検討

(1) 判決の「関係法令等の定め」の記載を視野に入れた作業
- ア　法令　　改廃の有無・経緯、下位法令等への委任の有無・範囲の確認
- イ　条例等　条文の入手・確認、改廃の有無・経緯の確認
- ウ　通達等　法令・条例等の委任との関係の確認、法的な位置付けの整理
- エ　条約　　直接適用可能性（自動執行力）の有無の確認、法的な位置付けの整理

(2) 行政庁の行為の種別
- ア　行政処分か否か
- イ　侵害処分か授益処分か
- ウ　裁量処分か否か、裁量処分における裁量の広狭、要件裁量か効果裁量か等

(3) 文理解釈と趣旨解釈（規範的解釈）
- ア　行訴法に基づく訴訟要件の解釈
  　　原告適格（行訴法9条2項）、重大な損害（行訴法37条の2第1項等）等
- イ　個別法の実体要件の解釈
  - a　侵害処分　税法の課税要件等
  - b　授益処分　社会保障給付の支給要件等

2　判例・裁判例の調査・検討

(1) 最高裁判例（民集、集民、裁判所時報、裁判所ウェブサイト等）
　　事項・要旨と射程（レイシオ・デシデンダイと傍論、法理と事例；不受理・旧例文との区別）
　　判文の重要性（判例解説の位置付けと読み方）　最高裁判例の引用の仕方と留意点

(2) 下級審裁判例（行裁集、裁判所ウェブサイト、訟務月報、判時、判タ、判例地方自治等）
　　参考例としての位置付け　参照の仕方と留意点

3 実務上の有用な文献等
  (1) 条解行政事件訴訟法〔第5版〕＝「条解行訴法」
  (2) 改訂・行政事件訴訟の一般的問題に関する実務的研究＝「実務的研究」
     （同書384頁以下「調査の手引」）
  (3) 司法制度改革概説3「行政事件訴訟法」
  ※ 新訂ワークブック法制執務〔第2版〕
     最新公用文用字用語例集〔増補版〕

第4 訴状審査等
 1 訴状審査の意義・方法
  (1) 訴状審査の意義
     訴訟要件の審査の重要性
     補正不能の不備の有無の確認
       事務連絡、補正命令等
       訴状却下命令、140条却下判決
     補正の方法の選択
       できるだけ適法な（行訴法に適合した）方式・内容の訴状になる方向への教示等
  (2) 訴状審査の方法
     ア 書記官による訴状審査票
       ※東京地裁・大阪地裁の例
        各部における書式の作成の有用性
     イ 主任裁判官による訴状審査メモ
       各部における基本書式の作成等の工夫
       ※例 事案の概要、請求の趣旨、管轄、原告（表記、原告適格、委任状・資格証明）、被告（表記、被告適格、被告代表者、行政庁）、処分性、訴えの利益、審査請求前置、出訴期間、請求の原因、証拠関係、訴額（訴額、手数料、貼付額）、訴訟救助、「検討」or「進行」、時系列、参考事項、関係法令、参考判例
     ウ 書記官と主任裁判官の審査作業の連携
 2 審査結果を踏まえた対応
  (1) 口頭の事務連絡
     簡易な補正事項、補正可能で教示を要する事項等

(2) 書面による事務連絡
　　書記官名による任意の補正の促し
　　代理人に対する事務連絡
　　本人に対する事務連絡
　　　説明・教示を付したチェック方式の回答書の活用
　　　→【参考資料2】「事務連絡の書式例」参照
　　　各項目ごとの先例のプール・共有化等の工夫
(3) 補正命令
　ア　事務連絡との関係
　イ　補正を命ずる事項
　ウ　140条却下判決との関係
(4) 第1回口頭弁論期日の指定
　ア　補正の要否・程度
　イ　答弁に要する期間の見込み
　ウ　出頭の不能又は困難な原告の場合
　エ　第1回期日前に進行協議期日を指定する場合
(5) 140条却下判決
　ア　民訴法140条　訴えが不適法でその不備を補正することができない場合
　イ　補正命令の要否
　ウ　迅速処理の要請

3　審査事項等
（訴訟要件については、説明の便宜上、期日での審理事項の詳細を含めて本項に掲記）
(1) 基礎的な審査事項
　ア　併合の可否（立件の要否）
　　客観的併合・追加的併合・主観的併合（行訴法16条1項・19条1項・17条1項）
　　関連請求性（行訴法13条）
　　最三小決平成17.3.29民集59巻2号477頁
　　　各請求の基礎となる社会的事実が一体として捉えられるべきものであって密接に
　　　関連しており争点も同一であるか否か
　　非関連請求　→　通例：立件指示＋記録分離 or 弁論併合

(116)
　　イ　訴額の算定等
　　　(ア)　複数の請求に係る非合算（吸収）等の可否
　　　　a　民訴法9条1項ただし書　主張する利益の共通
　　　　　例　原処分・裁決の取消請求
　　　　　　　外国人事件の異議申出は理由がない旨の裁決・退令処分の取消請求
　　　　　　　難民不認定処分・在特不許可処分・退令処分の取消請求
　　　　b　本税の更正処分等と加算税の賦課処分の取消請求（後者は附帯請求：同条2項参照）
　　　　（東京地裁・大阪地裁における共通の運用形成の試み）
　　　(イ)　複数の請求に係る合算遞減の可否
　　　　民訴法9条1項本文　関連請求か否か
　　　　複数の年度の課税処分の取消請求　個々の事案ごとの個別の判断
　　　(ウ)　算定可能若しくは算定不能な財産権上の請求又は非財産権上の請求
　　　　a　住民訴訟の4号請求訴訟
　　　　　算定不能な財産権上の請求　最一小判昭和53.3.30民集32巻2号485頁
　　　　b　年金不支給処分の取消訴訟
　　　　　以下のいずれの方向の取扱いを採るかは実務上の考慮を含めた各庁の判断
　　　　　①　一定の計算方法で算定（例：原告が支給開始から訴え提起までに得ることができた年金額＋訴え提起から1年間（平均審理期間）に得ることができた年金額）
　　　　　②　原則算定不能、原告が計算してきた場合にはその内容によってはそれも受容
　　　(エ)　訴訟救助　民訴法82条1項の要件の審査
　　　　a　無資力又は生活の著しい支障の該当性　疎明資料の要求の程度
　　　　b　勝訴の見込みの有無
　(2)　訴訟要件
　　ア　抗告訴訟の基本的な訴訟要件（処分性、原告適格、訴えの利益）
　　　(ア)　処分性
　　　　a　公権力の主体たる国又は公共団体（法令に基づき権限の委任又は付与を受けた法人又は団体を含む。）が公権力の行使として行う行為のうち、その行為によって、直接国民の権利義務を形成し又はその範囲を確定することが法律上認められているもの（最一小判昭和30.2.24民集9巻2号217頁、最一小判昭和39.10.29民集18巻8号1809頁等）→公権力性＋法的地位に対する影響

b　争訟方法としての権利利益の救済の実効性等の観点
　　　※前掲最大判平成20.9.10（浜松市土地区画整理事業計画決定取消訴訟）、最二小判平成24.2.3民集66巻2号148頁 「実効的な権利救済を図るという観点」
　　　　前掲最一小判平成24.2.9 「争訟方法の観点から」の「権利利益の救済の実効性」
　　　※最一小判昭和45.12.24民集24巻13号2243頁（納税の告知）
　　　　税額についての税務署長の意見が初めて公にされるもの→抗告訴訟の提起可能（納税義務の不存在確認の訴え〔実質的当事者訴訟〕も提起可能）
　　　※行服法（平成26年法律第68号による改正前のもの）34条2項（現行25条2項に相当）に基づく執行停止の申立てを却下する決定の処分性
　　　　行訴法25条2項に基づく執行停止との関係（東京地判平成28.11.29判タ1445号189頁）
　(イ)　原告適格
　　　※平成16年改正時の最大の焦点 → 行訴法9条2項の新設
　　a　行訴法9条1項について
　　　(a)　「法律上の利益を有する者」の意義
　　　　　当該処分により自己の権利若しくは法律上保護された利益を侵害され又は必然的に侵害されるおそれのある者（最三小判昭和53.3.14民集32巻2号211頁、前掲最三小判平成4.9.22〔もんじゅ訴訟〕等）
　　　(b)　判例の動向
　　　　①　処分の名宛人以外の者が処分の法的効果による権利の制限を受ける場合
　　　　　　（最二小判平成25.7.12集民244号43頁）
　　　　②　処分の名宛人以外の者が処分の法的効果により公課の納付義務の範囲が増大するなど直接具体的な不利益を被るおそれがある場合（最一小判平成18.1.19民集60巻1号65頁）
　　b　行訴法9条2項について
　　　(a)　法律上保護された利益の範囲
　　　　　当該処分を定めた行政法規が、不特定多数者の具体的利益を専ら一般的公益の中に吸収解消させるにとどめず、それが帰属する個々人の個別的利益としてもこれを保護すべきものとする趣旨を含むと解される場合には、このような利益もここにいう法律上保護された利益に当たり、当該処分によりこれを侵害され又は必然的に侵害されるおそれのある者は、当該処分の取消訴訟における原

告適格を有する（前掲最三小判昭和53.3.14、前掲最三小判平成4.9.22〔もんじゅ訴訟〕等）。

(b) 行訴法9条2項の趣旨と考慮事項

　判例（伊達火力発電所訴訟・もんじゅ訴訟・新潟空港訴訟等）の判断基準の明文化

※「処分…の根拠となる法令の規定の文言のみによることなく」

→根拠法令の趣旨や保護法益の性質等に照らした柔軟な規範的解釈の要請

「処分の法律上の影響を受ける権利利益は、処分がその本来的効果として制限を加える権利利益に限られるものではなく、行政法規が個人の権利利益を保護することを目的として行政権の行使に制約を課していることにより保障されている権利利益もこれに当たり、右の制約に違反して処分が行われ行政法規による権利利益の保護を無視されたとする者も、当該処分の取消しを訴求することができると解すべきである。そして、右にいう<u>行政法規による行政権の行使の制約とは、明文の規定による制約に限られるものではなく、直接明文の規定はなくとも、法律の合理的解釈により当然に導かれる制約を含むものである。</u>」（前掲最三小判昭和60.12.17〔伊達火力発電所訴訟〕）

〔考慮事項〕

①根拠法令の趣旨・目的、②当該処分において考慮されるべき利益の内容及び性質（上記(a)の判例、前掲最三小判昭和60.12.17〔伊達火力発電所訴訟〕参照）

③関係法令の趣旨及び目的（前掲最二小判平成元.2.17〔新潟空港訴訟〕参照）

④根拠法令に違反する処分により害される利益の内容及び性質並びにそれが害される態様及び程度（前掲最三小判平成4.9.22〔もんじゅ訴訟〕参照）

(c) 判例の動向

※前掲最大判平成17.12.7（小田急線高架化事業認可取消訴訟）等

※最三小判平成26.7.29民集68巻6号620頁（産廃施設の周辺住民）

「以上のような産業廃棄物等処分業の許可及びその更新に関する廃棄物処理法の規定の趣旨及び目的、これらの規定が産業廃棄物等処分業の許可の制度を通して保護しようとしている利益の内容及び性質等を考慮すれば、同法は、これらの規定を通じて、公衆衛生の向上を図るなどの公益的見地から産業廃棄物等処分業を規制するとともに、産業廃棄物の最終処分場からの有害

な物質の排出に起因する大気や土壌の汚染、水質の汚濁、悪臭等によって健康又は生活環境に係る著しい被害を直接的に受けるおそれのある個々の住民に対して、そのような被害を受けないという利益を個々人の個別的利益としても保護すべきものとする趣旨を含むと解するのが相当である。」

※最三小判平成26.1.28民集68巻1号49頁（産廃事業の競業者）
「以上のような一般廃棄物処理業に関する需給状況の調整に係る規制の仕組み及び内容、その規制に係る廃棄物処理法の趣旨及び目的、一般廃棄物処理の事業の性質、その事業に係る許可の性質及び内容等を総合考慮すると、廃棄物処理法は、市町村長から一定の区域につき一般廃棄物処理業の許可又はその更新を受けて市町村に代わってこれを行う許可業者について、当該区域における需給の均衡が損なわれ、その事業の適正な運営が害されることにより前記のような事態が発生することを防止するため、上記の規制を設けているものというべきであり、同法は、他の者からの一般廃棄物処理業の許可又はその更新の申請に対して市町村長が上記のように既存の許可業者の事業への影響を考慮してその許否を判断することを通じて、当該区域の衛生や環境を保持する上でその基礎となるものとして、その事業に係る営業上の利益を個々の既存の許可業者の個別的利益としても保護すべきものとする趣旨を含むと解するのが相当である。」

(注1) 最一小判平成21.10.15民集63巻8号1711頁（場外車券発売施設の周辺住民・サテライト大阪事件）→生活環境上の利益について一見すると消極的なニュアンスのように見受けられる説示（傍論）につき、学界等からの強い批判
　→生活環境上の利益：当該説示の安易な引用によるのではなく、行訴法9条2項の考慮事項を広く十分に吟味した個別具体的な内容の説示の展開が必要
(注2) 墓地、埋葬等に関する法律に基づく墓地経営許可処分に関する周辺住民の原告適格（平成16年改正前の最二小判平成12.3.17集民197号661頁と平成16年改正後の東京地判平成22.4.16判時2079号25頁との関係等）
　→根拠法令となる条例・規則の内容によって原告適格を肯定する構成が可能
　※最三小判令和5.5.9民集77巻4号859頁
(注3) 行訴法10条1項（自己の法律上の利益に関係のない違法の取消事由としての主張制限）の位置付け等と留意点

(120)
　　(ウ)　訴えの利益
　　　　a　狭義の訴えの利益
　　　　b　不利益性
　　　　　(a)　減額再更正処分（最二小判昭和56.4.24民集35巻3号672頁）
　　　　　(b)　公務員の転任処分（最一小判昭和61.10.23集民149号59頁）
　　　　　(c)　在留期間更新許可処分（最一小判平成8.2.22集民178号279頁）
　　　　c　期間の経過
　　　　　(a)　処分の効果消滅後もなお取消しにより回復すべき法律上の利益
　　　　　　　最三小判昭和55.11.25民集34巻6号781頁
　　　　　　　（訴えの利益の消長を踏まえて判決言渡しの時期も要調整）
　　　　　(b)　処分基準により処分量定を加重する不利益な取扱いを受けるべき期間
　　　　　　　最三小判平成27.3.3民集69巻2号143頁
　　　　d　処分を基礎とする工事等の完了
　　　　　　処分の目的・効果、処分の取消しの効果等によって個別具体的に判断
　　　　　　建築確認　　最二小判昭和59.10.26民集38巻10号1169頁　消滅
　　　　　　土地改良事業　最二小判平成4.1.24民集46巻1号54頁　　存続
　イ　抗告訴訟の被告適格
　　(ア)　行訴法11条　1項　処分行政庁等の所属する国又は公共団体
　　　　　　　　　　　2項　法令に基づき権限の委任・付与を受けた法人・団体
　　　　　　　　　　　　　　（建築確認の指定確認検査機関等の指定法人、弁護士会等）
　　(イ)　被告の表示の訂正　事務連絡の活用
　　　　　（行訴法15条（被告を誤った訴えの救済）に基づく被告変更の許可決定は稀少）
　ウ　取消訴訟の審査請求前置
　　(ア)　行訴法8条1項ただし書・2項
　　(イ)　前置の定めの有無と行訴法8条2項各号の事由の有無の確認
　　(ウ)　代理人　審査請求の履践の示唆、「正当な理由」の主張の補充の促し
　　(エ)　本人　　事務連絡の活用　裁決書の提出の促し等　上記(ウ)と同様の示唆・促し
　エ　取消訴訟の出訴期間
　　(ア)　行訴法14条
　　　　　①処分を知った日から6か月又は処分の日（告知又は到達の日）から1年

②裁決を知った日から6か月＋裁決の日（告知又は到達の日）から1年
　　　（旧法の初日算入の有無の不均衡は解消）
　　　③「正当な理由」
　(イ)　代理人　「正当な理由」の主張の補充、無効確認訴訟への訴えの変更
　(ウ)　本人　　事務連絡の活用　上記(イ)と同様の示唆・促し
オ　取消訴訟以外の抗告訴訟に固有の訴訟要件
　(ア)　無効等確認の訴えの訴訟要件（行訴法3条4項、36条）
　　a　法律上の利益　前記ア(イ)（原告適格）及び(ウ)（訴えの利益）と同様
　　b　当該処分の存否又はその効力の有無を前提とする現在の法律関係に関する訴え
　　によって目的を達することができないこと
　　※最三小判平成4.9.22民集46巻6号1090頁（前掲もんじゅ訴訟の関連事件）
　　　　行訴法36条の「現在の法律関係に関する訴えによって目的を達成することが
　　　できない」場合には、当該処分に起因する紛争を解決するための争訟形態とし
　　　て、無効を前提とする当事者訴訟又は民事訴訟と比較して、無効確認訴訟がよ
　　　り直截的で適切である場合も含む。
　(イ)　不作為の違法確認の訴えの訴訟要件（行訴法3条5項、37条）
　　(a)　法令に基づく申請、(b)　行政庁の不作為（処分→訴えの利益の消滅）、
　　(c)　原告適格＝申請者
　(ウ)　義務付けの訴えの訴訟要件（行訴法3条6項、37条の2、37条の3）
　　a　両類型に共通の訴訟要件　処分性、当該処分に係る行政庁の法令上の権限
　　b　申請型（行訴法3条6項2号、37条の3）に固有の訴訟要件
　　(a)　法令上の申請権＋法令上の申請に対する不作為又は拒否処分等
　　(b)　不作為違法確認の訴え又は取消訴訟若しくは無効等確認の訴えの併合提起
　　(c)　上記の併合提起された訴えに係る請求が認容されるべきものであること
　　(d)　原告適格（申請者本人）
　　c　非申請型（行訴法3条6項1号、37条の2）に固有の訴訟要件
　　(a)　原告適格（「法律上の利益」：行訴法9条2項の準用）
　　(b)　重大な損害を生ずるおそれ
　　　　考慮事項
　　　　　損害の回復の困難の程度　損害の性質及び程度、処分の性質及び内容

　　　　　　※後記㈠c⒝の判例に照らすと、「処分がされないことにより生ずるおそれ
　　　　　　のある損害が、事後の原状回復や損害賠償などにより容易に救済を受ける
　　　　　　ことができるものではなく、処分をすべき旨を命ずる方法によるのでなけ
　　　　　　れば救済を受けることが困難なものであること」等の判断枠組みが考えら
　　　　　　れる。
　　　　⒞　補充性（その損害を避けるため他に適当な方法がないとき）
　　㈠　差止めの訴えの訴訟要件（行訴法3条7項、37条の4）
　　　　a　処分性、当該処分に係る行政庁の法令上の権限
　　　　b　処分がされる蓋然性　前掲最一小判平成24.2.9（教職員国旗国歌予防訴訟）
　　　　（処分がされた場合→訴えの利益の消滅→訴えの変更の必要性）
　　　　c⒜　原告適格（「法律上の利益」：行訴法9条2項の準用）
　　　　　⒝　重大な損害を生ずるおそれ
　　　　　　　考慮事項
　　　　　　　　損害の回復の困難の程度；損害の性質及び程度、処分の性質及び内容
　　　　　　　※前掲最一小判平成24.2.9（教職員国旗国歌予防訴訟）
　　　　　　　　「処分がされることにより生ずるおそれのある損害が、処分がされた後に
　　　　　　　取消訴訟等を提起して執行停止の決定を受けることなどにより容易に救済
　　　　　　　を受けることができるものではなく、処分がされる前に差止めを命ずる方
　　　　　　　法によるのでなければ救済を受けることが困難なものであること」
　　　　　　　※最一小判平成28.12.8民集70巻8号1833頁（第4次厚木基地運航差止訴訟）も同旨
　　　　　⒞　補充性（その損害を避けるため他に適当な方法がないとき）
　　（後注）無名抗告訴訟の適法要件
　　　　　　補充性の要件　前掲最一小判平成24.2.9（教職員国旗国歌予防訴訟）
　　　　　　処分の蓋然性　最一小判令和元.7.22民集73巻3号245頁
　カ　当事者訴訟の訴訟要件
　　㈦　形式的当事者訴訟の訴訟要件（行訴法4条）
　　　　損失補償関係訴訟（土地収用法133条等）
　　　　給付請求・債務不存在確認請求＋裁決変更請求の要否（遅延損害金の起算点も関連）
　　　　　給付・確認訴訟説、形成訴訟説
　　　　　実務の取扱い（最三小判平成9.1.28民集51巻1号147頁等）

(イ)　実質的当事者訴訟の訴訟要件（行訴法4条）

　　　処分性のない事項について権利救済の方法を確保するための訴訟類型

　　　公法上の法律関係に関する確認の訴えの明示（平成16年改正）

　　　※前掲最大判平成17.9.14（在外邦人選挙権制限違憲訴訟）

　　　　確認の利益　当該争訟の解決のために有効適切な手段であるか否か

　　　※前掲最大判令4.5.25（在外邦人国民審査権制限違憲訴訟）

キ　抗告訴訟及び当事者訴訟に係る法律上の争訟性（裁判所法3条1項）

　※当事者間の具体的な権利義務ないし法律関係の存否に関する紛争であって法令の適用により終局的に解決することができるもの（最一小判昭和29.2.11民集8巻2号419頁、最三小判昭和41.2.8民集20巻2号196頁等）

　※自律的な組織の自主的、自律的な解決に委ねられるべき事項は司法審査の対象外

　　・地方議会の出席停止の懲罰→判例変更

　　　最大判昭和35.10.19民集14巻12号2633頁→最大判令和2.11.25民集74巻8号2229頁

　　・地方議会における紛争に関するその他の判例→判例変更後の検討の在り方

　　　最一小判平成30.4.26集民258号61頁、最一小判平成31.2.14民集73巻2号123頁

ク　民衆訴訟及び機関訴訟の訴訟要件（行訴法5条、6条、42条等）

　(ア)　客観訴訟（主観訴訟〔抗告訴訟・当事者訴訟〕との相違）

　(イ)　民衆訴訟の訴訟要件（住民訴訟の訴訟要件については、後記ケに特記）

　(ウ)　機関訴訟の訴訟要件

ケ　住民訴訟の訴訟要件（地方自治法242条の2、242条1項・2項）

　(ア)　地方自治法242条の2第1項各号の訴訟類型

　　①　差止請求（1号）

　　②　取消し又は無効確認の請求（2号）

　　③　怠る事実の違法確認請求（3号）

　　④　損害賠償若しくは不当利得返還の請求又は賠償命令を求める請求（4号）

　(イ)　原告適格と被告適格

　　a　原告適格　住民（住所要件）

　　b　被告適格　原則　執行機関又は職員（地方自治法242条の2第1項）

　　　　　　　　　　　　権限委任の有無の確認

　　　　　　　　　例外　2号請求は地方公共団体

(ウ) 財務会計上の行為（財務会計行為）該当性
　※最一小判平成2.4.12民集44巻3号431頁　保安林内の市有地における市道建設に関与した市建設局長らの行為が、当該土地の保安林としての「財産的価値に着目し、その価値の維持、保全を図る財務的処理を直接の目的とする財務会計上の財産管理行為」には当たらず、地方自治法242条の2に定める住民訴訟の対象となる行為とはいえないとされた事例

(エ) 監査請求前置
　a　監査請求の有無及び対象の範囲の確認（地方自治法242条の2第1項）
　　監査請求の対象を超える請求の内容が実質的に監査請求の範囲に含まれているか否か等　→　含まれていない場合：監査請求の履践の示唆等
　b　監査請求期間（地方自治法242条2項）
　　行為日又は行為終了日から1年；正当な理由による例外
　(a) 期間制限規定の適用の有無
　　① 原則：怠る事実には適用なし（最三小判昭和53.6.23集民124号145頁）
　　② 不真正怠る事実（財務会計行為の違法・無効に基づいて発生する実体法上の請求権の行使を怠る事実）には適用あり（最二小判昭和62.2.20民集41巻1号122頁）
　　③ 特定の財務会計行為の存否・内容の検討を要するとしても、当該行為が財務会計法規に違反して違法であるか否かの判断をしなければならない関係にはない場合には適用なし（最三小判平成14.7.2民集56巻6号1049頁）
　(b) 監査請求期間の起算点
　　実体法上の請求権が財務会計行為の時点で未発生又は行使不能の場合、当該請求権が発生し行使可能になった日が起算点（最三小判平成9.1.28民集51巻1号287頁）
　(c) 期間経過後の監査請求と正当な理由の有無
　　住民が相当の注意力をもって調査を尽くしても客観的にみて住民監査請求をするに足りる程度に財務会計行為の存在又は内容を知ることができなかった場合、正当な理由の有無は、特段の事情のない限り、当該住民が相当の注意力をもって調査すれば客観的にみて上記の程度に当該行為の存在及び内容を知ることができたと解される時から相当な期間内に監査請求をしたかどうかによって

判断すべきである（最二小判昭和63.4.22集民154号57頁、最一小判平成14.9.12民集56巻7号1481頁）。
　　（※）上記「相当な期間内」に関する事例判例
　　　　①前掲最二小判昭和63.4.22、②前掲最一小判平成14.9.12
　　　　③最三小判平成14.10.15民集208号157頁、④最三小判平成16.12.7集民215号869頁
　　　　⑤最一小判平成17.12.15集民218号1151頁、⑥最一小判平成18.6.1集民220号353頁
　　　　⑦最一小判平成20.3.17集民227号551頁
　（後注）争点訴訟（行訴法45条）〔訴訟類型の整理に関連する事項〕
　　　※私法上の法律関係に関する訴訟（民事訴訟）で、処分・裁決の存否又はその効力の有無を争点とするもの→当該争点に関する限り、抗告訴訟に準じた取扱い
(3)　請求の趣旨
　ア　補正の要否・程度
　イ　原処分と裁決（行訴法10条2項）
　　　行訴法10条2項　裁決の取消訴訟では原処分の違法の主張は不可
　　　処分の違法を主張するためには処分の取消請求への訴えの変更が必要
　ウ　事件類型ごとの留意事項
　　(ｱ)　各種訴訟の参考例
　　　【参考資料3】「行政事件訴訟における請求の趣旨の文例」
　　(ｲ)　租税訴訟の留意事項の例
　　　以下のような限定の要否・有無の確認
　　　「～更正処分（令和○年○月○日付け審査裁決により一部取り消された後のもの）」
　　　「～更正処分のうち所得金額○○○万○○○○円、納付すべき税額○○万○○○○円を超える部分」
　　(ｳ)　住民訴訟の留意事項の例
　　　a　4号請求（損害賠償請求又は不当利得返還請求の義務付け請求）の構文等
　　　「　被告は、△△△△（注・当該職員又は当該行為若しくは怠る事実に係る相手方）に対し、○○○万円及びこれに対する令和○年○月○日から支払済みまで年3％の割合による金員を□□市に支払うよう請求せよ。」
　　　b　3号請求（怠る事実の違法確認請求）の構文等
　　　「　被告が△△△△（注・当該請求権の債務者）に対し○○○万円を□□市に支

払うよう請求することを怠る事実が違法であることを確認する。」
　　　　㈡　義務付け訴訟の留意事項の例
　　　　　　義務付け請求の構文等
　　　　　「　○○大臣（注・処分行政庁）は、原告に対し、別紙「請求文書目録」記載の行政文書を開示する決定をせよ。」
　　　エ　事務連絡の活用
第5　合議等の準備と審理・判決
　1　合議等の準備
　　(1)　合議メモの活用
　　　ア　合議メモの意義
　　　　　主任裁判官の調査結果の裁判長・相陪席との共有
　　　　　法律論、事件の見通しや心証等に関する議論の深化
　　　　　期日の進行や釈明事項の検討・確認（書記官との共有を含む。）
　　　イ　合議メモの記載事項
　　　　　（例）当該期日の「手続」（主張関係、証拠関係）、今後の「進行」（釈明事項等）、「検討」（双方の主張の概要、各論点の見通し・心証等）
　　　　　　　事案の概要、請求の趣旨、時系列、争点
　　　　　　　関係法令、参考判例等
　　(2)　合議の充実
　　　ア　合議体による期日前の合議・随時合議
　　　イ　判決作成段階の書面合議（後記3(2)参照）
　　(3)　判決を当初から視野に入れた審理・作業の工夫（後記3(1)参照）
　　　ア　第1回以降の各期日ごとの主張整理案の作成（合議メモとのリンク）
　　　イ　一定の時期以降の理由骨子案の作成（合議メモとのリンク）
　　　ウ　先行起案による弁論終結時における作業の到達度
　2　審理上の留意点
　　(1)　審理の構造と理論上の問題
　　　ア　取消訴訟等の訴訟物
　　　　・取消訴訟の訴訟物＝処分の違法一般（最二小判昭和49.7.19民集28巻5号897頁）
　　　　　　　　　　　　　＝処分の違法事由の存否（公定力の排除、取消訴訟の排他的管轄）

参考資料1　(127)

- 無効確認訴訟の訴訟物＝重大かつ明白な違法一般＝処分の重大かつ明白な違法事由（瑕疵）の存否
- イ　処分の違法性の判断基準時
  - (ア)　処分時
    - ※最二小判昭和28.10.30集民10号331頁、最二小判昭和34.7.15民集13巻7号1062頁等
  - (イ)　処分後の事情の位置付けの整理
    - 処分撤回の義務付けの訴えとの関係
    - ※外国人事件の裁決撤回の義務付けの訴え（重大な損害の有無等）
- ウ　取消訴訟等における主張立証責任
  - (ア)　主張立証責任の分配
    - 法律要件分類説、個別具体説、侵害処分・授益処分説、総合考慮説
  - (イ)　主張立証責任の帰属
    - a　訴訟要件
      - (a)　存否の確定を要する事項　管轄等の職権探知事項、処分性（法律問題）
      - (b)　職権調査事項　処分の存在；原告適格・訴えの利益を基礎付ける事実等
    - b　実体要件
      - (a)　侵害処分　原則／個別法規の定め方等による例外
      - (b)　授益処分　原則／個別法規の定め方等による例外
      - (c)　裁量処分　裁量権の範囲の逸脱又はその濫用に係る主張立証責任
        　　　　　　　事実上の推定による立証負担の転換
      - (d)　裁決　　裁決固有の瑕疵に係る主張立証責任・立証負担
      - (e)　無効確認訴訟　重大かつ明白な瑕疵に係る主張立証責任
    - c　各論
      - (a)　公文書不開示決定の取消訴訟における主張立証責任
        - ※最二小判平成26.7.14集民247号63頁
          - 開示請求の対象とされた行政文書を行政機関が保有していないことを理由とする不開示決定の取消訴訟においては、その取消しを求める者が、当該不開示決定時に当該行政機関が当該行政文書を保有していたことについて主張立証責任を負う。
      - (b)　固定資産の登録価格の決定に係る審査申出棄却決定の取消訴訟における主張

立証責任

※最二小判平成25.7.12民集67巻6号1255頁

　　固定資産税の課税対象となる土地の基準年度に係る賦課期日における登録価格の決定が違法となるのは、当該登録価格が、①当該土地に適用される評価基準の定める評価方法に従って決定される価格を上回るときであるか、あるいは、②これを上回るものではないが、その評価方法が適正な時価を算定する方法として一般的な合理性を有するものではなく、又はその評価方法によっては適正な時価を適切に算定することのできない特別の事情が存する場合（登録価格が適正な時価を上回るものではない旨の推認が及ばず、又はその推認が覆される場合）であって、同期日における当該土地の客観的な交換価値としての適正な時価を上回るときであるということができる。

(c) 難民不認定処分の取消訴訟における主張立証責任

　　裁判例　入管法61条の2第1項の文理、難民認定処分が授益処分であること等に鑑み、難民の認定における主張立証責任は原告側にあり、難民該当性を基礎付ける事実の立証の程度は通常の場合と同様であると解されている。

　　（再度の難民不認定処分と終止条項につき、東京高判平成30.12.5判タ1472号54頁）

エ　裁量権の範囲の逸脱又はその濫用の有無に関する司法審査の在り方

　（取消訴訟・無効確認訴訟の違法事由、義務付け訴訟・差止訴訟の本案要件）

(ｱ)　授益処分の拒否処分に係る審査

①　裁量判断が事実の基礎を欠き、又は社会通念上著しく妥当性を欠くか否か

・助成金の交付〔目的と考慮事情の関係〕（最二小判令和5.11.17民集77巻8号2070頁）

②　事柄の性質に即した広範な裁量が認められる場合

・外国人の在留許可（最大判昭和53.10.4民集32巻7号1223頁〔マクリーン事件〕）

③　侵害処分の場合と同様に裁量の範囲を限定的に解すべき場合

(ｲ)　侵害処分に係る審査

懲戒処分に係る審査

※判断枠組み　最三小判昭和52.12.20民集31巻7号1101頁〔神戸税関事件〕

　　　　　　　最一小判平成2.1.18民集44巻1号1頁〔伝習館事件〕

参考資料1　(129)

※個別具体的な判断＝非違行為の内容・性質や不利益の程度との権衡等
・違法とされた事例　最一小判平成24.1.16集民239号1頁、最一小判同日集民同号253頁〔教職員国旗国歌訴訟〕
・適法とされた事例　最三小判平成30.11.6集民260号123頁、最一小判令和2.7.6集民261号1頁、最三小判令和4.6.14集民268号23頁、最三小判令和4.9.13集民269号21頁
（懲戒処分に伴う退職手当全部不支給処分につき、最三小判令和5.6.27民集77巻5号1049頁、最一小判令和6.6.27裁判所ウェブサイト）
(ウ) 判断過程の瑕疵の有無に係る審査
・専門技術的な事項等に係る判断を要する裁量処分（最一小判平成4.10.29民集46巻7号1174頁〔伊方原発訴訟〕、最三小判平成24.2.28民集66巻3号1240頁〔生活保護老齢加算廃止訴訟〕、最三小判平成18.2.7民集60巻2号401頁〔教育施設の目的外使用不許可処分に係る国家賠償請求訴訟〕）

オ　手続上の違法事由（理由提示の不備等）

理由の提示（行政手続法14条（不利益処分）、8条（許認可等拒否処分））
各地方公共団体の行政手続条例にも同様の規定あり　行政手続法の制定前は個別法
※最一小判昭和49.4.25民集28巻3号405頁、最一小判平成4.12.10集民166号773頁
付記すべき理由の内容及び程度は、特段の理由のない限り、いかなる事実関係に基づきいかなる法規を適用して処分がされたのかを、処分の相手方においてその記載自体から了知し得るものでなければならず、単に処分の根拠規定の該当条項を示すだけでは、それによって当該規定の適用の原因となった具体的な事実関係をも当然に知り得るような例外の場合を除いては、法の要求する理由の付記として十分ではない。
※最三小判平成23.6.7民集65巻4号2081頁の射程
処分の選択・量定に係る処分基準の内容及び適用関係がかなり複雑である場合
「本件免許取消処分はX1の一級建築士としての資格を直接にはく奪する重大な不利益処分であるところ、その処分の理由として、X1が、…建築物の設計者として、（中略＝要旨・耐震偽装の不適切な設計）を行ったという処分の原因となる事実と、建築士法10条1項2号及び3号という処分の根拠法条とが示されているのみで、本件処分基準の適用関係が全く示されておらず、その複雑な基準の下

では、X1において、上記事実及び根拠法条の提示によって処分要件の該当性に係る理由は相応に知り得るとしても、いかなる理由に基づいてどのような処分基準の適用によって免許取消処分が選択されたのかを知ることはできないものといわざるを得ない。」

カ 違法性の承継（後行処分の取消訴訟における先行処分の違法の主張の可否）
処分の公定力・不可争力により非承継（主張不可）が原則　例外（承継）の要件
従来の学説等
※田中基準　相連続して行われる行為が一つの目的の実現に向けられた行為であるか否かを基準とし、①先行行為と後行行為が相結合して一つの効果の実現を目指し、これを完成するものである場合には、原則として積極に解し、②先行行為と後行行為とが相互に関連するとはいえ、それぞれ別個の効果を目的とするものである場合は、消極に解する。
※前掲最大判平成20.9.10（浜松市土地区画整理事業計画決定取消訴訟）の近藤崇晴裁判官の補足意見
「先行行為が公定力を有する行政処分であるときは、その公定力が排除されない限り、原則として、先行行為の違法性は後行行為に承継されず、これが許されないと解されている（例外的に違法性の承継が認められるのは、先行の行政処分と後行の行政処分が連続した一連の手続を構成し一定の法律効果の発生を目指しているような場合である。）。」

最近の判例・学説
※最一小判平成21.12.17民集63巻10号2631頁
建築確認の取消訴訟において安全認定の違法を主張し得るとされた事例
① 建築確認と安全認定は、もともとは一体的に行われ、同一の目的を達成するために行われるものであり、安全認定は建築確認と結合して初めてその効果を発揮するものである。
② 安全認定があっても、これを申請者以外の者に通知することは予定されておらず、建築確認があるまでは工事が行われることもないから、安全認定について、その適否を争うための手続的保障がこれを争おうとする者に十分に与えられているというのは困難である。仮に周辺住民等が安全認定の存在を知ったとしても、その者において、建築確認があった段階で初めて不利益が現実化すると考えて、

参考資料1　（131）

　　　　その段階までは争訟の提起という手段は執らないという判断をすることがあながち不合理であるともいえない。
　　　→田中基準を満たしていることを前提とした上で、先行行為と後行行為に係る実体法上の不可分一体の関連性の程度に加え、先行処分に係る手続的保障の程度、法的安定性の要請の程度等を総合考慮した判断を示したものと解される。
(2) 釈明の在り方
　ア　判決と審理を見据えた釈明事項の検討
　　(ｱ)　被告側（行政庁側）への釈明に係る留意点
　　　　判決に必要な事項の解明の必要性
　　　　主張立証責任・立証負担の帰属
　　　　釈明処分制度（行訴法23条の2）の存在
　　(ｲ)　原告側への釈明に係る留意点
　　　　主張の整理等の観点　主張の趣旨の確認　法的構成に沿った整理の促し等
　イ　合議メモと調書の記載
(3) 求釈明、釈明処分の申立て及び文書提出命令の申立てへの対応
　ア　求釈明への対応
　イ　釈明処分（行訴法23条の2）の申立てへの対応
　ウ　文書提出命令の申立てへの対応
(4) 請求の追加・変更の申立てへの対応
　ア　行訴法19条の追加的併合か民訴法143条の訴えの変更かの確認
　イ　行訴法19条の追加的併合の要件
　　　関連請求性＋当初の請求及び追加の請求に係る各訴えの適法性
　ウ　民訴法143条の訴えの変更の要件
　　　請求の基礎の同一性、著しく訴訟手続を遅延させないこと（同条1項）
　　　変更の前後の請求が同種の訴訟手続によるものであること（民訴法136条）
　エ　行訴法21条の訴えの変更の要件
　オ　併合の要件を欠く場合（立件の指示・不許の決定）
　　(ｱ)　行訴法19条の追加的併合の申立てについて併合の要件を欠く場合
　　(ｲ)　民訴法143条の訴えの変更の申立てについて併合の要件を欠く場合
(5) 処分理由の差し替えの可否

(132)
　　　ア　原則　訴訟物の範囲内で処分時に存在した一切の事実上及び法律上の根拠の主張が
　　　　　　　可能（最三小判昭和53.9.19集民125号69頁）→差し替えが可能
　　　イ　例外　処分の同一性が害される場合
　　　　　　　法令上付与された手続的保障が没却される場合
　(6)　意見陳述の申出への対応
　　　ア　意見陳述の法的な位置付け
　　　　　訴状や準備書面の主張の口頭による敷衍
　　　イ　調整・実施の在り方
　　　ウ　調書上の取扱い
　(7)　証拠調べ
　　　人証申請の採否　争点・主張の十分な整理、書証の十分な提出
　　　通訳人の確保
　(8)　訴訟要件の審理と本案要件の審理
　　　訴訟構造の整理と実際の訴訟進行
　　　　（検討の切り分け／審理の並行等）
　(9)　訴訟参加
　　　ア　行訴法22条の参加（第三者の訴訟参加）
　　　　　訴訟の結果により権利を害される第三者
　　　イ　行訴法23条の参加（行政庁の訴訟参加）
　　　　　処分又は裁決をした行政庁以外の行政庁
　　　ウ　民訴法上の補助参加（民訴法42条）
　　　　　訴訟の結果について利害関係を有する第三者
　　　エ　訴訟告知（民訴法53条）
　　　　　参加することができる第三者
　(10)　和解の可能性
　　　ア　訴訟上の和解の可否
　　　イ　処分の自庁取消しと訴えの取下げ等
　　　ウ　進行協議・弁論準備手続の活用
　(11)　その他
　　　ア　多庁係属型訴訟等について

参考資料1　(133)

　　　　同種事件・関連事件の係属状況や進行状況・帰すう等の情報の把握
　　　イ　租税調査官について
　　　　　調査の対象事項等
3　判決作成上の工夫・留意点
　(1)　判決を当初から視野に入れた審理・作業の工夫（前記1⑶参照）
　　　　第1回以降の各期日ごとの主張整理案の作成
　　　　一定の時期以降の理由骨子案の作成
　　　　先行起案による弁論終結時における作業の到達度
　(2)　判決原案の提出時及びそれ以降の作業の工夫（前記1⑵イ参照）
　　　ア　脚注等による対話と随時の相談・合議
　　　　※脚注等による対話（書面合議）
　　　　（追加の検討・確認の示唆と複数の選択肢の提示・検討）
　　　　　　原案の脚注＝参照した主張書面・証拠とその該当頁や判例・文献等、疑問点や悩み等
　　　　　　加筆の脚注＝修文の理由の説明　疑問等への応答
　　　　　　　　　　　　要検討・要確認の事項・視点の指摘
　　　　　　　　　　　　複数の表現の選択肢や仮案を本文に〔　〕で提示して脚注で問題提起
　　　　　　応答の脚注＝検討・確認の内容と結果　再修文案の提案の理由等
　　　　※随時の口頭による相談・合議
　　　イ　相陪席・書記官のチェックを視野に入れた脚注等の付記
　　　　　参照した主張書面・証拠とその該当頁や判例・文献等の注記
　　　　　　→チェックの効率化と精度の向上
　(3)　判決の作成に当たっての留意点
　　　ア　他の事件に対する影響や波及への考察
　　　　　法令解釈や憲法判断の説示の在り方
　　　　　「特段の事情」による例外の摘示の在り方
　　　イ　論理の構成・流れ
　　　　(ｱ)　段落の構成・見出し等
　　　　　　各段落の関係、接続詞の使い方（順接・逆接、並列・展開、仮定、なお書き等）
　　　　(ｲ)　法制執務や最高裁判例に沿った用語の正確性
　　　　　　各語・各句の論理的な関係の正確性の確認

23

　　　　　つなぎの語句（①及び・並びに・かつ、②又は・若しくは、③その他の・その他、④場合・とき・時など）の用法の当否や、⑤「等」の要否などの確認
　　　ウ　法律論の展開と事案への当てはめ
　　　　（例：規定の趣旨の俯瞰→規定の解釈〔判断枠組み等〕の提示→事案への当てはめ）
　　　　法律論の説示の適度な展開、当てはめの説示の法律論との整合・符合
　　　エ　客観的な視点からの文章の精錬
　　　　(ア)　上記アないしウの観点からの俯瞰
　　　　(イ)　様々な視点からの検証
　　　　　a　主張を排斥される側の当事者の視点を踏まえた批判的な検証＋当該当事者の立場や心情等への配慮→理論的な詰めと適切な表現の選択
　　　　　b　各分野の専門的知見や実務の一般的運用等の視点を踏まえた検証
　　　　　　（事案により、関係法令の立案の趣旨・経緯や立法過程の視点を踏まえた検証）
　　　　　c　第三者的な視点を踏まえた批判的な検証（改正行訴法検証研究会の議論を参照）
　　　　　d　上訴審の視点を踏まえた検証
　　　　(ウ)　表記の統一性（公用文の表記）
　　　オ　見直し・チェックの重要性
　　　　略語の適否・統一性、前後の表現の統一性、引用項の正確性等
　　　　相陪席・書記官のチェックにも資する脚注（チェック事項の文書化〔前記(2)イ〕）
　(4)　基本的な構成
　　　表題等、当事者、主文、請求
　　　事案の概要　　事案の要旨、関係法令等の定め（要否は事案ごと）、前提事実
　　　　　　　　　　争点、争点に関する当事者の主張（当事者の主張の要旨）
　　　裁判所の判断　（適宜の順序で）認定事実、争点に関する判断（理由説示）、結論等
　　　別紙・別表（例：租税訴訟の課税の計算と根拠等）
　　　※140条却下判決ではその内容に即した簡略な構成

第6　仮の救済
1　執行停止（行訴法25条）
　(1)　手続・日程の調整
　(2)　要件の審査
　　　ア　適法な本案訴訟の係属の有無

イ　重大な損害を避けるため緊急の必要があるか否か
　　　※平成16年の行訴法25条の改正
　　　　　2項の改正　「回復の困難な損害」→「重大な損害」
　　　　　3項の新設　考慮事項
　　　　　　　　　損害の回復の困難の程度を考慮
　　　　　　　　　損害の性質及び程度、処分の内容及び性質をも勘案
　　　※裁判例
　　　　「処分の執行等により維持される行政目的の達成の必要性を踏まえた処分の内容及び性質と、これによって申立人が被ることとなる損害の性質及び内容とを、処分の執行等による行政目的の達成を一時的に犠牲にしてもなおこれを停止して申立人を救済しなければならない緊急の必要性があるか否かの観点から検討すべきである。」等の判断枠組み
　　ウ　公共の福祉に重大な影響を及ぼすおそれの有無
　　エ　本案について理由がないとみえるか否か
　(3)　平成16年改正後の認容例
2　仮の義務付け及び仮の差止め（行訴法37条の5）
　(1)　手続・日程の調整
　(2)　要件の審査
　　ア　適法な本案訴訟の係属の有無
　　イ　償うことのできない損害を避けるため緊急の必要があるか否か
　　　※裁判例（以下の〔　〕〔　〕はそれぞれ仮の義務付けと仮の差止めに対応）
　　　　「当該処分がされ〔ない〕〔る〕ことにより生ずる損害の回復の困難の程度を考慮し、当該損害の性質及び程度並びに当該処分の内容及び性質をも勘案して、当該処分がされ〔ない〕〔る〕ことによる行政目的の達成等を一時的に犠牲にしてもなお当該処分を〔すべき〕〔してはならない〕ことを事前に義務付けて申立人を救済しなければならない緊急の必要性があるか否かの観点から検討した上で、原状回復又は損害賠償など事後の救済手段によるのでは著しく救済が困難であることが一応認められる必要がある」等の判断枠組み
　　ウ　本案について理由があるとみえるか否か
　　エ　公共の福祉に重大な影響を及ぼすおそれの有無

(3) 平成16年改正による制度創設後の認容例（一部認容を含む確定例。以下同じ。）
　　ア　仮の義務付けの認容例　　　　後記【参考】1（後掲137頁）参照
　　イ　仮の差止めの認容例　　　　　後記【参考】2（後掲138頁）参照
　（後注）義務付け訴訟・差止訴訟の認容例　後記【参考】3～4（後掲138～142頁）参照
3　仮処分の排除（行訴法44条）
　(1) 行訴法44条の趣旨
　(2) 行訴法44条の適用関係

第7　終わりに

1　行政事件の判決の重要性と社会的な影響等
　(1) 行政・立法への影響・波及と社会的な影響等
　　　論理的に十分に説得的な説示＋表現のディテールへの目配りと配慮
　(2) 行政・社会の規範の形成・基準の提示等（法令解釈の重要性）
　　　いわば法令の条文に準じた重みのあるものとして内容を吟味し文章を精錬していく姿勢
2　通常民事事件の処理にも資する取組の姿勢等
　(1) 判決を見据えた審理・釈明・和解等
　(2) 合議の充実
　(3) 判決の精度の向上（法的思考力・多角的視点・バランス感覚等の涵養）
3　最後に
・行政法を公法系の必須科目とする司法試験を経た世代の裁判官の方々への期待
・今後の実務において参照されるような重要な判断の対象と素材を数多く含む行政事件
・行政法の基礎理論の枠組みを踏まえ、行政・立法との適度な均衡と抑制の観点から、汲むべき社会の要請に適切に応えて司法の役割を着実かつ的確に果たしていく取組

以　上

【参考】（前記第6の2(3)の参考裁判例）

仮の義務付け・仮の差止め及び義務付け訴訟・差止訴訟の認容例
（一部認容を含む確定例で、令和6年9月末日の時点で公刊物等により把握できるもの[1]）

1 仮の義務付けの認容例
（改正行訴法検証研究会の報告書59〜62頁〔平成24年11月以前の裁判例〕参照）
・徳島地決平成17.6.7判例地方自治270号48頁（障がいのある幼児の幼稚園就園の許可）
・東京地決平成18.1.25判時1931号10頁（障がいのある児童の保育園入園の承諾）
・大阪地決平成19.8.10裁判所ウェブサイト・判例秘書、その抗告審・大阪高決平成20.3.28裁判所ウェブサイト・判例秘書（障がいのある児童の就学先特別支援学校の指定）
・岡山地決平成19.10.15判時1994号26頁（在日朝鮮人歌劇団の公の施設の使用許可）
・大阪地決平成20.7.18判例地方自治316号37頁（特別支援学校の就学指定）
・奈良地決平成21.6.26裁判所ウェブサイト・判例秘書（障がいのある生徒の就学先中学校の指定）
・那覇地決平成21.12.22判タ1324号87頁、その抗告審・福岡高那覇支決平成22.3.19判タ1324号84頁（生活保護開始決定）
・福岡地決平成22.5.12裁判所ウェブサイト・判例秘書、その抗告審・福岡高決平成22.7.20裁判所ウェブサイト・判例秘書（タクシー事業の運賃・料金の認可）
・名古屋地決平成22.11.8判タ1358号94頁（同上）
・東京地決平成24.10.23判時2184号23頁（と畜場法14条の検査）
・大阪地決平成26.9.16裁判所ウェブサイト・判例秘書（公園内行為許可）
・名古屋高決平成31.3.27判例秘書（在留資格認定証明書交付）

---

1 上訴審で取り消され又は破棄されて申立て又は請求が棄却されたものは、「2 仮の差止めの認容例」（次頁）の冒頭（改正行訴法検証研究会の報告書に掲記されているもの）を除き、掲記の対象から除外しています。
　なお、以下では、検索の便宜のため、インターネットのデータベースに掲載されている裁判例は、2を上限として掲載サイトを掲記しています。

2 仮の差止めの認容例

(改正行訴法検証研究会の報告書66頁〔平成24年11月以前の裁判例〕参照)

(神戸地決平成19.2.27裁判所ウェブサイト・判例秘書(特定の市立保育所の廃止条例の制定)は、その抗告審・大阪高決平成19.3.27裁判所ウェブサイト・判例秘書において、当該廃止条例案の撤回を理由に原決定取消し〔同報告書66頁〕)

・大阪高決平成19.3.1裁判所ウェブサイト・判例秘書(住民票の消除処分)

・大阪地決平成26.5.23裁判所ウェブサイト・判例秘書、その抗告審・大阪高決平成27.1.7判時2264号36頁(タクシー事業の運賃変更命令並びにその違反を理由とする輸送施設使用停止処分及び事業許可取消処分)

・福岡地決平成26.5.28(平成26(行ク)4)判例秘書、その抗告審・福岡高決平成27.1.7(平成26(行ス)1)判例秘書(タクシー事業の運賃変更命令)

・福岡地決平成26.5.28(平成26(行ク)5)判例秘書、その抗告審・福岡高決平成27.1.9(平成26(行ス)2)判例秘書(同上)

・大阪地決平成26.7.29判時2256号3頁、その抗告審・大阪高決平成27.3.30公刊物未登載(タクシー事業の運賃変更命令及びその違反を理由とする事業許可取消処分)

・東京地決平成28.12.14(平成26(行ク)53、平成28(行ク)97)判例秘書(死刑確定者の面会時の拘置所職員の立会いに係る処分)

・東京地決平成28.12.14(平成26(行ク)135、平成28(行ク)98)判時2329号22頁、その抗告審・東京高決平成29.3.29判例秘書(同上)

・奈良地決令和4.9.1判例地方自治492号31頁(地方議会の議員の出席停止処分)

・東京地決令和5.2.28裁判所ウェブサイト・判例秘書、その抗告審・東京高決令和6.4.16 LEX/DB(タクシー事業の運賃変更命令)

3 義務付け訴訟の認容例

(改正行訴法検証研究会の報告書4～6頁、9～10頁〔平成24年11月以前の裁判例〕参照)

・和歌山地判平成22.12.7判例地方自治366号54頁、その控訴審・大阪高判平成23.12.14判例地方自治366号31頁(介護給付費支給決定〔支給量の増量〕)

・東京地判平成22.12.22訟務月報58巻10号3554頁、その控訴審・東京高判平成23.7.14訟務月報58巻10号3538頁(文書開示決定)

・福岡高判平成23.2.7判時2122号45頁(産廃施設の環境保全支障除去措置命令)

・東京地判平成23.11.8裁判所ウェブサイト・判例秘書、その控訴審・東京高判平成24.7.18

裁判所ウェブサイト・判例秘書（居宅保護による生活保護開始決定）
・福岡高判平成24.2.27判例地方自治378号73頁（水俣病認定）
・福島地判平成24.4.24判時2148号45頁（産廃施設の設置許可取消処分）
・和歌山地判平成24.4.25判時2171号28頁（介護給付費支給決定〔支給量の増大〕）
・東京地判平成24.10.11裁判所ウェブサイト・判例秘書、その控訴審・東京高判平成26.7.25裁判所ウェブサイト・判例秘書（文書開示決定）
・横浜地判平成24.12.5裁判所ウェブサイト・判例秘書（保有個人情報開示決定）
・東京地判平成25.2.7季報情報公開50号19頁、その控訴審・東京高判平成25.7.31公刊物未登載（保有個人情報開示決定）
・東京地判平成25.2.26判タ1414号313頁（と畜場法14条の検査）
・東京高判平成25.6.26判時2225号43頁（保険薬局の指定）
・大阪地判平成26.12.11裁判所ウェブサイト・判例秘書（文書開示決定）
・高知地判平成27.1.30季報情報公開58号26頁（文書開示決定）
・福岡地判平成27.2.9法学教室418号42頁・判例秘書（補装具費支給決定）
・東京地判平成27.3.20裁判所ウェブサイト・判例秘書（厚生年金保険及び健康保険の被保険者の資格の確認）
・京都地判平成27.6.19季報情報公開59号33頁（文書開示決定）
・東京地判平成27.8.28裁判所ウェブサイト・判例秘書（難民認定）
・さいたま地判平成28.1.27 D1-Law・LEX/DB（文書開示決定）
・京都地判平成28.2.18判例秘書、その控訴審・大阪高判平成28.12.28 D1-Law・LEX/DB（文書開示決定）
・東京地判平成28.2.26判時2306号48頁（遺族厚生年金の支給決定）
・富山地判平成28.3.9判例秘書、その控訴審・名古屋高金沢支判平成28.9.28 D1-Law・LEX/DB（文書開示決定）
・津地判平成28.3.24判時2304号45頁（文書開示決定）
・新潟地判平成28.5.30判時2311号27頁、その控訴審・東京高判平成29.11.29判例秘書（水俣病認定）
・東京地判平成28.6.17判時2325号30頁、その控訴審・東京高判平成28.11.30判時2325号21頁（道路位置指定の取消処分）
・東京地判平成28.7.27裁判所ウェブサイト・判例秘書（文書開示決定）

(140)

- 東京地判平成28.9.27判例秘書（介護給付費支給決定〔支給量の増量〕）
- 津地判平成28.10.20判タ1435号194頁（文書開示決定）
- 横浜地判平成29.3.1判例地方自治429号12頁（行政文書の公開方法を写しの交付とする行政文書公開一部承諾決定）
- 京都地判平成29.4.13判例地方自治436号86頁（農地の賃貸借の解除・解約申入れの許可）
- 金沢地判平成29.8.22 LEX/DB（法定外公共物（道路及び水路）の使用許可）
- 最二小判平成30.1.19集民258号1頁（文書開示決定[2]）
- 岡山地判平成30.3.14裁判所ウェブサイト・判例秘書、その控訴審・広島高岡山支判平成30.12.13判例秘書（介護給付費支給決定〔支給量の増量〕）
- 奈良地判平成30.3.27判例秘書（生活保護費（移送費）の支給決定）
- 水戸地判平成30.6.15判例秘書、その控訴審・東京高判平成31.3.20 LEX/DB（国定公園の特別地域内工作物の新築許可）
- 東京地判平成30.7.5判時2412号9頁、その控訴審・東京高判平成30.12.5判時2412号3頁（難民認定）
- 東京地判平成30.10.12判例地方自治455号57頁（介護給付費支給決定〔支給量の増量〕）
- 長崎地判平成31.1.8（平成28（行ウ）9）判例秘書（被爆者健康手帳の交付）
- 長崎地判平成31.1.8（平成28（行ウ）16）判例秘書（同上）
- 東京地判平成31.3.5 D1-Law・LEX/DB（障害厚生年金の支給の裁定）
- 東京地判平成31.3.14 D1-Law・LEX/DB（遺族共済年金の支給決定）
- 神戸地判平成31.3.27判例秘書（優良運転者である旨の記載のある運転免許証の交付）
- 東京地判平成31.4.16判例秘書（障害基礎年金及び障害厚生年金の支給裁定）
- 神戸地判平成31.4.16判タ1468号93頁（都市計画法81条1項2号に基づく措置命令）
- 名古屋地判平成31.4.18判例秘書（在留特別許可）
- 岐阜地判令和元.5.10判時2453号113頁（刑務所における物品の使用等の許可）
- 東京地判令和元.9.17判タ1484号167頁、その控訴審・東京高判令和2.3.18判例秘書（難民認定）
- 東京地判令和元.9.17判例秘書、その控訴審・東京高判令和2.2.13判例秘書（在留期間更新許可）

2 この最高裁の判決（自判の認容例）以後に文書開示決定の義務付け請求を認容した下級審の裁判例は、掲記を省略しています。

参考資料1　（141）

- 東京地判令和元.12.19判時2470号32頁（遺族厚生年金の支給裁定）
- 盛岡地判令和2.6.5判時2482号74頁（公務災害認定）
- 広島地判令和2.7.29判時2488・2489号合併号16頁、その控訴審・広島高判令和3.7.14判時2521号5頁（被爆者健康手帳の交付）
- 福岡地判令和2.11.4判例地方自治476号75頁（医療法46条の6第1項ただし書の規定による医療法人の理事長選出の認可）
- 大阪地判令和2.11.25判例地方自治476号89頁（優良運転者である旨の記載のある運転免許証の交付）
- 長崎地判令和2.12.14判例秘書（被爆者健康手帳の交付）
- 京都地判令和3.3.16裁判所ウェブサイト・判例秘書（障害者総合支援法に基づく特例補装具費の支給決定）
- 京都地判令和3.4.9判例秘書（農地の賃貸借契約の解除・解約の申入れの許可）
- 東京地判令和3.11.17判例秘書（障害基礎年金及び障害厚生年金の給付額の改定）
- 東京地判令和3.11.24判時2527号45頁（在留特別許可）
- 東京地判令和4.1.13判例秘書（厚生年金保険被保険者の資格喪失年月日の記録の訂正決定）
- 東京地判令和4.1.18裁判所ウェブサイト・判例秘書、その控訴審・東京高判令和5.5.17判例秘書（保有個人情報の開示決定）
- 大阪高判令和4.1.27 LEX/DB（障害基礎年金及び障害厚生年金の支給裁定）（その原審・大阪地判令和3.2.10 LEX/DBは障害厚生年金の支給裁定のみ認容）
- 東京地判令和4.3.18裁判所ウェブサイト・判例秘書（障害基礎年金の支給裁定）
- 東京地判令和4.4.14（令和2（行ウ）474外）判例秘書（在留特別許可）
- 東京地判令和4.6.7判例秘書（障害厚生年金の支給裁定）
- 東京地判令和4.7.26判タ1508号129頁（障害基礎年金の支給裁定）
- 東京地判令和5.1.12 D1-Law・LEX/DB（難民認定）
- 大阪地判令和5.3.15判時2556号24頁（難民認定）
- 東京高判令和5.3.24判例秘書（介護給付費の支給決定〔支給量の増量〕）
- 東京地判令和5.4.13 D1-Law・LEX/DB（障害厚生年金の支給裁定）
- 東京地判令和5.4.18 D1-Law・LEX/DB（供託金の払渡しの認可）
- 千葉地判令和5.10.31裁判所ウェブサイト・判例秘書（介護給付費支給決定の変更決定〔支給量の増量〕）

(142)
- 千葉地判令和5.12.5 D1-Law・LEX/DB（住民基本台帳法12条の3第1項1号に基づく住民票の写しの交付）
- 名古屋高判令和6.1.25裁判所ウェブサイト・判例秘書（難民認定）
- 福岡地判令和6.3.27判例秘書（公園占用許可）
- 大阪高判令和6.4.19裁判所ウェブサイト・判例秘書（障害基礎年金の支給停止の解除処分）
- さいたま地判令和6.5.8裁判所ウェブサイト・判例秘書（介護給付費支給決定の変更決定〔支給量の増量〕）
- 名古屋地判令和6.5.9裁判所ウェブサイト・判例秘書（難民認定）
- 福岡地判令和6.5.22裁判所ウェブサイト・判例秘書（優良運転者である旨の記載のある運転免許証の期間の更新）
- 長崎地判令和6.9.9裁判所ウェブサイト・D1-Law（被爆者健康手帳の交付）

4　差止訴訟の認容例
（改正行訴法検証研究会の報告書18～19頁〔平成24年11月以前の裁判例〕参照）
- 広島地判平成21.10.1判時2060号3頁（公有水面埋立免許〔鞆の浦事件〕）
- 名古屋地判平成25.5.31判時2241号31頁、その控訴審・名古屋高判平成26.5.30判時2241号24頁（タクシー事業の輸送施設使用停止・事業停止・許可取消しの各処分）
- 大阪地判平成27.11.20判時2308号53頁、その控訴審・大阪高判平成28.6.30判時2309号58頁（タクシー事業の運賃変更命令及びその違反を理由とする事業許可取消処分）
- 福岡地判平成28.2.26判例秘書、その控訴審・福岡高判平成29.1.19判例秘書（タクシー事業の運賃変更命令）
- 青森地判平成28.7.29判例秘書（タクシー事業の運賃変更命令）
- 大阪地判平成28.9.15 D1-Law・LEX/DB（タクシー事業の運賃変更命令）
- 福岡地判平成28.9.27判例秘書（タクシー事業の運賃変更命令及びその違反を理由とする輸送施設使用停止・事業許可取消しの各処分）

以　上

【参考資料2（事務連絡の書式例）】[1]

令和○年○月○日
令和○年（行ウ）第○○○○号

原　告　○○○○　殿

〒〔略〕　〔住所略〕
TEL〔略〕
FAX〔略〕
○○地方裁判所民事第○部○係
裁判所書記官　　○○○○

事　務　連　絡

1　頭書事件に関し、担当裁判官の指示により、別紙のとおり連絡いたしますので、別紙の記載事項について御検討いただき、別紙に回答を記入した書面を、本事務連絡の到達後14日以内（到達した日は算入せず、その翌日から起算して14日以内）に、2通（正本・副本各1通）提出してください。
　　その際、末尾の署名押印欄に署名押印をすることを忘れないでください。

2　貼用印紙額（手数料）について
　　〔略〕

3　郵便切手の予納について
　　〔略〕

---

[1]　この書式例は、次頁以下の事例を含め、架空の事案に関する参考例として作成したものです。

(144)

令和○年(行ウ)第○○○○号
裁決取消等請求事件
原告　○○○○
被告　□□市

回　答　書

　　○○地方裁判所民事第○部○係御中

1　貴殿が令和○年○月○日に提出した標記事件の訴状及び提出予定の書証を拝見したところ、本件訴訟において貴殿が求める請求の内容は、次の2つの部分から構成されているものと解されます。
　①　令和○年○月○日付け○○○発第○○○○号の裁決の取消しを求める請求（訴状請求の趣旨1）
　②　被告に対して原告からの△△△△の申請について適切に対応するように求める請求（訴状請求の趣旨2）
　　以下では、上記の構成を踏まえつつ、訴状に記載された請求の内容をより行政事件訴訟法に適合したものとする観点から、上記①及び②の各部分の手直しの要否等について、貴殿のお考えをお伺いします（該当する□欄にチェックをしてください。）。

2　貴殿は、①請求の趣旨第1項において、令和○年○月○日付け○○○発第○○○○号の裁決の取消しを求め、その取消しを求める理由として同裁決の原処分の違法を主張するとともに、②請求の趣旨第2項において、被告に対して原告からの△△△△の申請について適切に対応するように求めていますが、これは、□□市長がした△△△△をしない旨の処分（△△△△の申請を却下する旨の原処分）の取消しを求めるとともに、□□市長が△△△△をする旨の処分をすることの義務付けを求める趣旨のものと理解

1

され、この理解を前提とすると、上記①の取消しを求める部分については、不服申立て（審査請求）に対する裁決の取消しではなく、端的に原処分の取消しを求め（行政事件訴訟法10条2項参照）、上記②の義務付けを求める部分については、△△△△をする旨の処分を義務付けの対象とする（同法3条6項2号、37条の3第1項2号・3項2号参照）のが、行政事件訴訟法上は適切と考えられます。その場合、請求の趣旨第1項及び第2項を次のように訂正し、整理することが考えられます。

1　□□市長が令和○年○月○日付けで原告に対してした△△△△をしない旨の処分を取り消す。
2　□□市長は、原告に対し、△△△△をする旨の処分をせよ。

以上の点についての貴殿のお考えをお知らせください。
☐　はい、私は、令和○年○月○日付け訴状の請求の趣旨第1項及び第2項の記載を上記のとおり訂正します。
☐　いいえ、私は、令和○年○月○日付け訴状の請求の趣旨第1項及び第2項の記載をそのまま維持します。（この場合、以下の欄にその理由を記載してください。）

_____

_____

　　　　　　令和　　年　　月　　日

　　　　　　　署　名　_____㊞

参考資料3 (147)

【参考資料3】

行政事件訴訟における請求の趣旨の文例[1]

第1 租税
  1 所得税関係
   ・「　□□税務署長が令和〇年〇月〇日付けで原告に対してした原告の令和〇年分の所得税の更正処分（ただし、令和〇年〇月〇日付け裁決により一部取り消された後のもの）のうち、総所得金額〇〇〇万〇〇〇〇円、納付すべき税額〇〇万〇〇〇〇円を超える部分及び同更正処分に係る過少申告加算税の賦課決定処分をいずれも取り消す。」
   ・「　□□税務署長が令和〇年〇月〇日付けで原告に対してした原告の令和〇年分の所得税に係る更正の請求に対する更正をすべき理由がない旨の通知処分を取り消す。」
  2 法人税関係
   ・「　□□税務署長が令和〇年〇月〇日付けで原告に対してした令和〇年〇月〇日から令和〇年〇月〇日までの事業年度の法人税の更正処分（ただし、令和〇年〇月〇日付け裁決により一部取り消された後のもの）のうち、所得金額〇〇万〇〇〇〇円、納付すべき税額〇〇万〇〇〇〇円を超える部分及び翌期に繰り越す欠損金額〇〇〇万〇〇〇〇円を下回る部分並びに同更正処分に係る過少申告加算税の賦課決定処分をいずれも取り消す。」

---

[1] 取消訴訟を本案とする執行停止の申立ての趣旨の文例も含まれており（第3の1）、文例の中で訴訟費用・申立費用の負担に関する部分は省略しています。
　飽くまでも実務上比較的多くみられる訴訟類型等についての若干の参考例を示したものにとどまり、網羅的なものではなく、事案（訴状等の記載を含む。）や裁判体による表現等の差異を所与の前提としています。

1

3 贈与税・相続税関係

- 「　□□税務署長が令和○年○月○日付けで原告に対してした令和○年分の贈与税の更正処分（ただし、令和○年○月○日付け裁決により一部取り消された後のもの）のうち課税価格○○○万○○○○円、納付すべき税額○○万○○○○円を超える部分及び同更正処分に係る過少申告加算税の賦課決定処分をいずれも取り消す。」
- 「　□□税務署長が令和○年○月○日付けで原告に対してした被相続人△△△△の相続に係る相続税の更正処分（ただし、令和○年○月○日付け裁決により一部取り消された後のもの）のうち課税価格○○○万○○○○円、納付すべき税額○○万○○○○円を超える部分及び同更正処分に係る過少申告加算税の賦課決定処分をいずれも取り消す。」

4 消費税関係

- 「　□□税務署長が令和○年○月○日付けで原告に対してした令和○年○月○日から令和○年○月○日までの課税期間の消費税の更正処分（ただし、令和○年○月○日付け裁決により一部取り消された後のもの）のうち、課税標準額○○○万○○○○円、納付すべき税額○○万○○○○円を超える部分及び同更正処分に係る過少申告加算税の賦課決定処分をいずれも取り消す。」

5 固定資産税関係

- 「　□□市長が令和○年○月○日付けで原告に対してした別紙物件目録記載の土地に係る令和○年度固定資産課税台帳の登録価格についての審査申出に対する決定を取り消す。」
- 「　別紙物件目録記載の土地に係る令和○年度固定資産課税台帳の登録価格につき、□□市固定資産評価審査委員会が令和○年○月○日付けでした原告の審査申出を棄却する旨の決定を取り消す。」

第2　住民訴訟
　1　4号請求
　　・「1　被告[2]は、甲野太郎に対し、〇〇〇万円及びこれに対する令和〇年〇月〇日から支払済みまで年3％の割合による金員を□□市に支払うよう請求せよ。
　　　　2　被告は、乙山次郎に対し、〇〇〇万円及びこれに対する令和〇年〇月〇日から支払済みまで年3％の割合による金員を□□市に支払うよう賠償命令をせよ。」
　2　3号請求
　　・「　被告が株式会社△△△に対し〇〇〇〇万円を□□市に支払うよう請求することを怠る事実が違法であることを確認する。」
　3　2号請求
　　・「　□□市長が令和〇年〇月〇日付けで△△△株式会社に対してした別紙物件目録記載1の土地に係る令和〇年度の固定資産税及び都市計画税のうち同目録記載2の免除措置対象部分に係る固定資産税及び都市計画税の免除措置を取り消す。」
　4　1号請求
　　・「　被告は、別紙1記載の廃止道路に係る土地（〇〇〇㎡）について、別紙2記載の新設道路及び道路拡張部に係る土地（〇〇〇㎡）との交換契約をしてはならない。」

第3　出入国管理・難民認定関係

2　以下、第2の1、2及び4（4号請求、3号請求、1号請求）の「被告」は、地方公共団体の執行機関（上記の文例の「□□市」に対応するものは「□□市長」）を想定しており、第2の3（2号請求）の被告は、地方公共団体（上記の文例に対応するものは「□□市」）を想定しています。

1 退去強制関係
　・取消訴訟
　　「1　□□出入国在留管理局長[3]が令和○年○月○日付けで原告に対してした出入国管理及び難民認定法49条1項に基づく原告の異議申出は理由がない旨の裁決を取り消す。[4]
　　　2　□□出入国在留管理局主任審査官が令和○年○月○日付けで原告に対してした退去強制令書発付処分を取り消す。」
　・執行停止
　　「1　相手方[5]が令和○年○月○日付けで申立人に対して発付した退去強制令書に基づく執行は、その送還部分に限り、本案事件（当庁令和○○年（行ウ）第○○号退去強制令書発付処分取消等請求事件）の第1審判決の言渡しまでの間、これを停止する。
　　　2　申立人のその余の申立てを却下する。」

3　平成30年法律第102号による入管法（出入国管理及び難民認定法）の改正により名称変更。後出の「出入国在留管理局主任審査官」も同様。

4　令和5年法律第56号による改正（令和6年6月10日施行）前の入管法の適用事案の文例。
　上記改正後の入管法の適用事案の文例は、上記裁決の取消請求に代わり、次のようになるものと考えられます。
　　「1　□□出入国在留管理局長が令和○年○月○日付けで原告に対してした在留特別許可をしない処分を取り消す。」
　（なお、上記の取消請求に併せて義務付けの請求がされる場合には、次のような請求の趣旨が加えられる（後出の退去強制令書発付処分の取消請求は第3項になる）ものと考えられます。
　　「2　□□出入国在留管理局長は、原告に対し、出入国管理及び難民認定法50条1項の規定による在留特別許可をせよ。」）

5　相手方は「□□出入国在留管理局主任審査官」であることを前提としています。

2 在留資格関係
- 「1 □□出入国在留管理局長が令和○年○月○日付けで原告に対してした在留資格の変更を許可しない旨の処分を取り消す。
  2 □□出入国在留管理局長は、原告に対し、「定住者」への在留資格の変更を許可せよ。」
3 難民認定関係
- 「1 □□出入国在留管理局長が令和○年○月○日付けで原告に対してした難民の認定をしない旨の処分を取り消す。
  2 □□出入国在留管理局長が令和○年○月○日付けで原告に対してした難民の認定をしない旨の処分が無効であることを確認する[6]。
  3 □□出入国在留管理局長は、原告に対し、出入国管理及び難民認定法61条の2第1項の規定による難民の認定をせよ。」

第4 社会保障
1 年金・恩給関係
- 「1 厚生労働大臣が令和○年○月○日付けで原告に対してした被保険期間を○○月、年金額を○○万○○○○円とする老齢厚生年金支給処分を取り消す。
  2 厚生労働大臣は、原告に対し、被保険期間を○○月、年金額を○○万○○○○円とする老齢厚生年金支給処分をせよ。」
- 「1 厚生労働大臣が令和○年○月○日付けで原告に対してした障害厚生年金の裁定請求を却下する旨の処分を取り消す。
  2 厚生労働大臣は、原告に対し、令和○年○月○日から原告の障

---

[6] 取消請求につき出訴期間経過の指摘がされた場合、予備的に無効確認請求が追加される例が実務上見られます。

(152)

　　　害等級を2級とする旨の障害給付の裁定をせよ。」
・「　厚生労働大臣が令和○年○月○日付けで原告に対してした原告に係る遺族厚生年金の支給裁定を取り消す旨の処分を取り消す。」
・「　総務大臣が令和○年○月○日付けで原告に対してした原告の傷病恩給改定請求を棄却する旨の処分を取り消す。」

2　生活保護関係
・「　□□市福祉事務所長が令和○年○月○日付けで原告に対してした保護廃止決定処分を取り消す。」
・「　□□市福祉事務所長が令和○年○月○日付けで原告に対してした同年4月分からの生活保護費支給額を月額○○万○○○○円に変更する旨の処分を取り消す。」

第5　情報公開
・「1　処分行政庁が令和○年○月○日付けで原告に対してした別紙文書目録記載の文書のうち別紙不開示部分目録記載の部分を不開示とした部分を取り消す。
　2　処分行政庁は、原告に対し、別紙文書目録記載の文書のうち別紙不開示部分目録記載の部分を開示せよ。」[7]

第6　建築・収用
1　建築確認
・「　被告[8]が令和○年○月○日付けで株式会社△△△に対してした建

---

[7]　「行政機関の保有する情報の公開に関する法律」及び各地方公共団体の保有する情報の公開に関する条例に基づくもの並びに「個人情報の保護に関する法律」に基づくもの等が見られ、多様な処分行政庁が想定されるため、文例も「処分行政庁」としています。
[8]　「被告」は、指定確認検査機関の法人を想定しています。

6

築確認処分を取り消す。」
2 土地収用
- 「　□□県収用委員会が令和○年○月○日付けで原告に対してした別紙物件目録記載の土地に係る明渡裁決を取り消す。」

第7　その他
1 国籍
- 「　原告が日本国籍を有することを確認する。」
2 住民登録
- 「　□□市長が令和○年○月○日付けで原告に対してした転入届不受理処分を取り消す。」
3 運転免許
- 「　□□県公安委員会が令和○年○月○日付けで原告に対してした運転免許取消処分を取り消す。」
- 「1　□□県公安委員会が令和○年○月○日付けで原告に対してした運転免許証有効期間更新処分のうち、原告を一般運転者とする部分を取り消す。
    2　□□県公安委員会は、原告に対し、優良運転者である旨を記載した運転免許証を交付せよ。」[9]

　　　　　　　　　　　　　　　　　　　　　　　以　上

---

[9] 最二小判平成21.2.27民集63巻2号299頁参照。

［著 者］
岩 井 伸 晃（いわい　のぶあき）
昭和61年判事補任官後、東京地裁判事補、最高裁行政局付、
法務省民事局付、東京地裁判事東京高裁判事職務代行、
内閣法制局参事官、東京高裁判事、東京地裁部総括判事、
最高裁上席調査官、宇都宮地家裁所長、東京高裁部総括判事
等を経て、令和5年から高松高裁長官。

行政事件訴訟における調査検討・
審理運営の在り方について　　　　　書籍番号　500607

令和6年11月15日　第1版第1刷発行

　　　　　　　　　著　　者　岩　井　伸　晃
　　　　　　　　　発　行　人　福　田　千恵子
　　　発　行　所　一般財団法人　法　曹　会

　　　　　　　　〒100-0013　東京都千代田区霞が関1-1-1
　　　　　　　　　　　　　　振替口座　00120-0-15670
　　　　　　　　　　　　　　電　話　03-3581-2146
　　　　　　　　　　　　　　https://www.hosokai.or.jp/

　　　落丁・乱丁はお取替えいたします。　印刷製本／大日本法令印刷

　　　　　ISBN 978-4-86684-120-5